AF524756

GRöLS
Verlage

„Bücher sind wie Fallschirme. Sie nützen uns nichts, wenn wir sie nicht öffnen.“

Gröls Verlag

Redaktionelle Hinweise und Impressum

Das vorliegende Werk wurde zugunsten der Authentizität sehr zurückhaltend bearbeitet. So wurden etwa ursprüngliche Rechtschreibfehler regelmäßig *nicht* behoben, denn kleine Unvollkommenheiten machen das Buch – wie im Übrigen den Menschen – erst authentisch. Mitunter wurden jedoch zum Beispiel Absätze behutsam neu getrennt, um den Lesefluss zu erleichtern.

Um die Texte zu rekonstruieren, werden antiquarische Bücher von Lesegeräten gescannt und dann durch eine Software lesbar gemacht. Der so entstandene Text wird von Menschen gegengelesen und korrigiert – hierbei treten auch Fehler auf. Wenn Sie ebenfalls antiquarische Texte einreichen möchten, finden Sie weitere Informationen auf www.groels.de

Viel Freude bei der Lektüre wünscht Ihnen das Team des Gröls-Verlags.

Adressen

Verleger: Hermann-Josef Gröls,

Im Borngrund 26, 61440 Oberursel

Externer Dienstleister für Distribution & Herstellung:

BoD, In de Tarpen 42, 22848 Norderstedt

Unsere „Edition | Werke der Weltliteratur“ hat den Anspruch, eine der größten und vollständigsten Sammlungen klassischer Literatur in deutscher Sprache zu werden. Nach und nach versammeln wir hier nicht nur die „üblichen Verdächtigen“ von Goethe bis Schiller, sondern auch Kleinode der vergangenen Jahrhunderte, die – zu Unrecht – drohen, in Vergessenheit zu geraten. Wir kultivieren und kuratieren damit einen der wertvollsten Bereiche der abendländischen Kultur. Kleine Auswahl:

Francis Bacon • Neues Organon • **Balzac** • Glanz und Elend der Kurtisanen • **Joachim H. Campe** • Robinson der Jüngere • **Dante Alighieri** • Die Göttliche Komödie • **Daniel Defoe** • Robinson Crusoe • **Charles Dickens** • Oliver Twist • **Denis Diderot** • Jacques der Fatalist • **Fjodor Dostojewski** • Schuld und Sühne • **Arthur Conan Doyle** • Der Hund von Baskerville • **Marie von Ebner-Eschenbach** • Das Gemeindekind • **Elisabeth von Österreich** • Das Poetische Tagebuch • **Friedrich Engels** • Die Lage der arbeitenden Klasse • **Ludwig Feuerbach** • Das Wesen des Christentums • **Johann G. Fichte** • Reden an die deutsche Nation • **Fitzgerald** • Zärtlich ist die Nacht • **Flaubert** • Madame Bovary • **Gorch Fock** • Seefahrt ist not! • **Theodor Fontane** • Effi Briest • **Robert Musil** • Über die Dummheit • **Edgar Wallace** • Der Frosch mit der Maske • **Jakob Wassermann** • Der Fall Maurizius • **Oscar Wilde** • Das Bildnis des Dorian Grey • **Émile Zola** • Germinal • **Stefan Zweig** • Schachnovelle • **Hugo von Hofmannsthal** • Der Tor und der Tod • **Anton Tschechow** • Ein Heiratsantrag • **Arthur Schnitzler** • Reigen • **Friedrich Schiller** • Kabale und Liebe • **Nicolo Machiavelli** • Der Fürst • **Gotthold E. Lessing** • Nathan der Weise • **Augustinus** • Die Bekenntnisse des heiligen Augustinus • **Marcus Aurelius** • Selbstbetrachtungen • **Charles Baudelaire** • Die Blumen des Bösen • **Harriett Stowe** • Onkel Toms Hütte • **Walter Benjamin** • Deutsche Menschen • **Hugo Bettauer** • Die Stadt ohne Juden • **Lewis Caroll** • *und viele mehr….*

Aristophanes
Die Ritter

Personen

Demos

Der Paphlagonier (Kleon)

Erster Sklave des Demos (Demosthenes)

Zweiter Sklave des Demos (Nikias)

Chor der Ritter

Sklaven, Mädchen, stumme Personen

Erste Szene

Vor dem Hause des Demos

Nacheinander treten auf: ***erster Sklave*****,** ***zweiter Sklave*****,**
dann: der ***Wursthändler****, der* ***Paphlagonier****, der* ***Chor***

Erster Sklave *allein*:

Au, au, au, au! O Jammer! Schwere Not!
Verderben über diesen Paphlagonier,
Den neugekauften ränkevollen Schelmen!
Seitdem der Bursch im Haus sich eingenistet,
Sind Prügel unser täglich Sklavenbrot.

Zweiter Sklave tritt heraus

Zweiter Sklave: Daß dich die Pest, Erzpaphlagonier,
Verdammtes Lästermaul!

Erster Sklave: Wie geht's dir, Armer?

Zweiter Sklave: Mir? Schlecht wie dir!

Erster Sklave: Komm her, so wollen wir
Zweistimmig heulen des Olympos Weise.

Beide: Hü, hü, hü, hü, hü, hü, hü, hü, hü, hü!

Erster Sklave: Was hilft das Flennen! Laß uns lieber doch
Auf unsre Rettung sinnen, statt zu wimmern.

Zweiter Sklave: Was ist zu tun?

Erster Sklave: Sag an!

Zweiter Sklave: Ich streite nicht,
Sprich du!

Erster Sklave: Ich nicht, nein, beim Apollon, nein!

Zweiter Sklave: Sprich du getrost, dann will ich schon dir sagen –

Erster Sklave: „Willst du mir sagen, was *ich* sagen soll?"

Zweiter Sklave: Es juckt mich nicht! Wie könnt' ich auch so fein
Verblümt euripide'isch dir es sagen?

Erster Sklave: Ich bitte, nichts von diesem Kohl! – Laß hören,
Weißt du kein Lied zum Abschiedstanz von hier?

Zweiter Sklave: Nun, sag einmal: wir laufen, laufen, laufen!

Erster Sklave: Wir laufen, laufen.

Zweiter Sklave: Setze hinter: laufen
Jetzt noch das Wort: davon.

Erster Sklave: Davon.

Zweiter Sklave: Vortrefflich!
Nun langsam erst: wir laufen, schneller dann
Nacheinander, hitzig, *mit unanständiger Gebärde*
Stoß auf Stoß: davon!

Erster Sklave: Wir laufen – laufen – laufen, wir laufen davon.

Zweiter Sklave: Nun, schmeckt dir das?

Erster Sklave: Nicht übel, machte nicht
Das Ding mir bang für meine Haut!

Zweiter Sklave: Wieso?

Erster Sklave: Weil oft bei dem Geschäft die Haut mitgeht.

Zweiter Sklave: Am besten wär's in solchem Fall, wir würfen
Uns fromm aufs Knie vor einem Götterbildnuß.

Erster Sklave: Nuß? – Bildnuß? Wie, im Ernst, du glaubst an Götter?

Zweiter Sklave: Ich? Sicherlich!

Erster Sklave: Hast du Beweise, Gründe?

Zweiter Sklave: Weil mich die Götter hassen mehr als billig!

Erster Sklave: Ein trift'ger Grund!

Zweiter Sklave: Hör, soll ich nicht dem Publikum den Fall
Vortragen?

Erster Sklave: Allein, was ist zu tun?

Zweiter Sklave: Könnte gehn! Nur müssen wir
Sie bitten, sich durch Zeichen zu erklären,
Ob ihnen recht ist, was wir tun und sagen.

Die Zuschauer nicken

Erster Sklave: So sei's gewagt! – *Gegen das Publikum*
Wir haben einen Herrn,
Heißblütig, toll, auf Bohnen sehr erpicht,
Ein brummig alter Kauz, ein bißchen taub:
Herr Demos von der Pnyx. – Am letzten Neumond
Kauft' er sich einen paphlagon'schen Sklaven,
'Nen Gerberburschen; ein durchtriebner Gauner!
Der merkt' sich gleich des Alten schwache Seiten –
Der Hund von einem paphlagon'schen Gerber! –
Duckt sich vor ihm, mit Lecken, Schwänzeln,
Schmeicheln
Und Lederstückchen fängt er ihn und spricht:
›Geh baden, lieber Demos, wohl verdient
Als Richter hast du die drei Obolen;
Komm, tu dir gütlich, iß und trink; soll ich

Den Imbiß bringen?‹ – Und dann rapst er weg,
Was *wir* gekocht, um sich beim Herrn in Gunst
Zu setzen. Jüngst, wie ich dem Herrn in Pylos
Spartanischen Schlachtbraten machte, lief
Der Erzhalunk drum 'rum und schnappt' ihn weg
Und setzt' ihm vor, was *ich* für ihn gebraten.
Uns jagt er weg, und niemand läßt er sonst
Aufwarten, mit dem Lederriemen wehrt
Er ab vom Tisch des Herrn die – guten Räte,
Singt ihm Orakel vor, daß ganz sibyllisch
Dem Alten wird und dumm und damisch. Merkt
Er das, dann intrigiert er, lügt, verleumdet
Uns all' im Haus, und unser Lohn sind Prügel.
Dann läuft er hin zu jedem, schimpft, rumort,
Schwatzt uns Geschenk' ab, fordert, droht, der Schurke:
›Seht ihr? Der Hylas hat's! Das dankt er mir.
Sucht meine Gunst, sonst müßt ihr heut noch hängen!‹
Wir schmieren ihn: wo nicht, so tritt der Alte
Auf uns herum, daß uns die Kutteln bersten.
Zum zweiten Sklaven
Jetzt aber, Freund, besinnen wir uns rasch,
Wie und durch wen uns Hilfe werden mag!

Zweiter Sklave: Wie? Freund, das beste wird wohl sein: wir laufen –

Erster Sklave: Ja, wenn's der Paphlagonier nicht merkte!
Der sieht dir alles! Denn er steht in Pylos
Mit einem Fuß, dem andern in der Pnyx;
Und, spreizt er so allmächtig auf die Beine,
Ist höchst-sein Hintrer über Steißlingen,
Die Hand in Stehlenau, sein Herz in Habsburg!

Zweiter Sklave: „Am besten ist's, wir sterben!" Aber mannhaft!
Mannhaft zu sterben, sprich, wie machen wir's?

Erster Sklave: Mannhaft? Ja, ja; wie greifen wir das an?

Zweiter Sklave: Ich denke so: wir trinken Ochsenblut!
So starb Themistokles, wir tun's ihm nach.

Erster Sklave *rasch einfallend*:
Nichts! Puren Wein her, und dem guten Dämon
Ein Glas! Dann fällt uns wohl was Klügres ein.

Zweiter Sklave: So, puren Wein? Dir ist's halt nur ums Trinken!
Du wirst im Rausch vernünft'gen Rat erteilen!

Erster Sklave: So, meinst du? O du Wasserkrugsalbadrer!
Du wagst's, den Wein zu schmähn, den Sporn des

Denkens?
Was weckt die Tatkraft so wie Wein? – Du weißt:
Sobald die Leute trinken, sind sie reich,
Energisch, unternehmend, siegreich vor
Gericht, beglückt und andre noch beglückend!
Drum hol mir gleich 'ne Kanne Wein, damit
Ich meinen Witz zu klugem Rat befeuchte!

Zweiter Sklave *kopfschüttelnd*:
Dein Trinken wird uns saubre Dinge machen!

Erster Sklave: Nur Gutes! Hol, ich lagre mich indes. *Tut es*
Bin ich nur erst betrunken, sollst du sehn,
Was ich für Kniffchen, Pfiffchen, Plänchen hecke!

Zweiter Sklave geht und bringt das Verlangte

Zweiter Sklave: Ein Glück, daß niemand mich ertappt, wie ich
Den Wein stahl!

Erster Sklave: Sag, was macht der Paphlagonier?

Zweiter Sklave: Voll abgeschleckten, konfiszierten Naschwerks,
Schnarcht der besoffne Kobold auf dem – Leder!

Erster Sklave: Gut! Schutt' mir jetzt vom Puren tüchtig ein!

Zweiter Sklave: Da! – Erst das Opfer für den guten Geist!
Zieh, zieh den Geist des edlen Pramniers ein!

Erster Sklave *trinkt, und setzt ab, gerührt*:
Dein ist der Rat, o guter Geist, nicht mein!

Zweiter Sklave: Ich bitte, welcher Rat?

Erster Sklave: Geh schnell und stiehl
Dem Paphlagonier drinnen die Orakel;
Jetzt schläft er noch.

Zweiter Sklave: Das rät der gute Geist?
Ich furcht', es ist ein böser, der uns neckt!

Erster Sklave: Geh nur hinein! – Ich will mich selbst bedienen.

Zweiter Sklave ab

Zweiter Sklave *zurückkommend mit einer Rolle*:
Was nicht der Paphlagonier schnarcht und farzt!
Leicht war's, ihm sein Orakelheft zu nehmen,
So gut er's auch verwahrt.

Erster Sklave: Gib her, du Schlaukopf,
Und laß mich lesen! Schenk mir fleißig ein
Inzwischen! Nun laß sehn, was steckt da drinnen? –

Liest

Ha, göttliches Orakel! Schnell, den Becher!

Zweiter Sklave: Hier, nimm! Was sagt es?

Erster Sklave: Eingeschenkt! Den zweiten!

Zweiter Sklave: Steht im Orakel was vom zweiten Becher?

Erster Sklave: O großer Bakis!

Zweiter Sklave: Nun?

Erster Sklave: Den Becher! Schnell!

Zweiter Sklave: Der Bakis, scheint es, war im Trinken stark!

Erster Sklave: Ha, paphlagon'scher Schelm! Der Spruch auf dich,
Der wurmte dich, daher die Angst, die Vorsicht!

Zweiter Sklave: So lies!

Erster Sklave: Da innen steht sein Untergang!

Zweiter Sklave: Wie?

Erster Sklave: Das Orakel sagt's mit dürren Worten:
Erst kommt ein Werrighändler, der zuerst
In dieser Stadt gebieten wird!

Zweiter Sklave: Das wär'
Ein Händler vorderhand. Nun weiter! Lies!

Erster Sklave: Schafhändler ist der zweite, der da kommt!

Zweiter Sklave: Zwei Händler! Und was wird's mit diesem sein?

Erster Sklave: Regieren wird er, bis der dritte kommt,
Ein größrer Schuft als er: der stürzt ihn dann.
Nun kommt der paphlagon'sche Lederhändler,
Der Dieb, der Brüllochs mit der Donnerstimme!

Zweiter Sklave: Und stürzen soll der Lederhändler den Schafhändler?

Erster Sklave: Ohne Gnad'!

Zweiter Sklave: Daß Gott erbarm'!
Wo treiben wir noch einen Händler auf?

Erster Sklave: Er lebt, ein Mann von blutigem Gewerb'!

Zweiter Sklave: Wer ist's? Laß hören!

Erster Sklave: Soll ich?

Zweiter Sklave: Ja doch, ja!

Erster Sklave: Ein Blutwursthändler ist es, der ihn stürzt!

Zweiter Sklave: Ein Blutwursthändler? Gott, welch ein Gewerb'!
Nun aber sprich, wo finden wir den Mann?

Erster Sklave: Komm, laß uns suchen!

Zweiter Sklave: Gottes Wunder! Sieh,
Da geht er auf den Markt!

Der Wursthändler kommt mit seinem Schragen und Wurstapparat

Erster Sklave: Gebenedeiter
Wursthändler, Teurer, komm, o komm herauf,
Erscheine, du der Stadt und unser Retter!

Wursthändler *noch unten*:
Was gibt's? Wer ruft mir?

Erster Sklave: Komm und höre, welch
Ein Kind des Glücks du bist, wie hochbegnadet!

Zweiter Sklave *während der Wursthändler die Treppe zur Bühne heraufsteigt*:
Komm, nimm den Tisch ihm ab und sag ihm gleich
Den Götterspruch und was dazu gehört:
Ich will beim Paphlagonier Wache stehn.

Zweiter Sklave ab

Sklave: So, leg zuvörderst deine Sachen ab,
Dann küß die Erd' und danke laut den Göttern!

Wursthändler: Warum denn das?

Sklave: Du reich Gesegneter,
Jetzt noch ein Nichts und morgen allgewaltig,
Der erste Mann im stattlichen Athen!

Wursthändler: He, guter Freund, was soll der Spaß? Laß du
Mich waschen meine Därm' und Wurst verkaufen!

Sklave: Was, Därme? Närr'scher Mensch, komm her und
schau!
Siehst du das Volksgedränge dort?

Wursthändler: Ich seh'!

Sklave: Du wirst der Herr des ganzen Haufens sein:
Dein ist die Pnyx, der Markt, der Hafen; spucken
Wirst du dem Rat aufs Maul, die Feldherrn binden
Und schinden, wirst im Prytaneion huren –

Wursthändler: Ich?

Sklave: Du! Und das ist noch nicht alles! Steig
Hier auf den Schragen, mach die Augen auf
Und überschau die Inseln ringsherum!

Wursthändler: Ich seh'!

Sklave: Den Mastenwald, die Warenlager –
Siehst du?

Wursthändler: Gar wohl!

Sklave: Und faßt du jetzt dein Glück?
Sieh mit dem rechten Aug' nach Karien hin
Und gen Karthago mit dem linken!

Wursthändler: So?
Ein rechtes Glück – die Augen sich verdrehn!

Sklave: Nein, nein, das alles wird von dir – verschachert,
Denn du, so meldet das Orakel, wirst
Ein großer Held.

Wursthändler: Ei, ei, wie soll das zugehn,
Daß ich zum Helden werd', ein Blutwursthändler?

Sklave: Just eben drum wirst du der Mann des Tags,
Weil du gemein bist, frech und pöbelhaft.

Wursthändler: Ich bin wohl zu gering für solche Ehre!

Sklave: Ein Mann wie du, und hält sich für gering?
Am Ende bist du besser als du sagst!
Gehörst du zur Noblesse'?

Wursthändler: Was denkst du? Zur
Kanaille!

Sklave: Ganz erwünscht! Grad um so besser
Qualifizierst du dich für Staatsgeschäfte!

Wursthändler: Schon recht! Allein ich habe nichts gelernt;
Ein bißchen Lesen, ja, doch schlecht genug!

Sklave: Das bißchen eben könnt' am End' dir schaden.
Regieren ist kein Ding für Leute von
Charakter und Erziehung! Niederträchtig,
Unwissend muß man sein! Drum folge du
Dem Ruf, den dir der Götter Spruch verkündet.

Wursthändler: Was steht denn im Orakel?

Sklave: Prächt'ge Dinge,
Ein bißchen rätselhaft und kunterbunt: *liest*
„Aber sobald krummklauig der Lederaar mit den Fängen
Packt den tölpelhaftdummblutgierigen Drachen, dann kommen
Paphlagonier um die beizende Knoblauchsauce.
Aber Ruhm und Ehre gewährt Darmhändlern die Gottheit,
So sie nicht baß es achten, auch ferner zu handeln mit Blutwurst."

Wursthändler: Wie paßt denn das auf mich? Erkläre mir's!

Sklave: Der Lederaar, das ist der Paphlagonier.

Wursthändler: Krummklauig aber, wie?

Sklave: Je nun, das heißt:
Daß er zum Rapsen krumme Finger macht.

Wursthändler: Was soll der Drache denn?

Sklave: Das ist ja klar:
Der Drach' ist lang, das ist die Blutwurst auch.
Blut säuft der Drach', die Blutwurst ebenfalls.
Nun heißt's: der Drache wird den Lederaar
Bezwingen, wenn er sich nicht läßt betören.

Wursthändler: Gut! *Mich* meint das Orakel! – Aber wie,
Das wundert mich, soll ich das Volk regieren?

Sklave: Spottleicht! Du machst es grade wie bisher.
Du hackst und rührst den Plunder durcheinander,
Hofierst dem Volk und streichst ihm süße Wörtchen
Wie ein Ragout ums Maul; du hast ja, was
Ein Demagog nur immer braucht: die schönste
Brüllstimme, bist ein Lump von Haus aus, Krämer,
Kurzum, ein ganzer Staatsmann! – Die Orakel
Sind, selbst das pythische, für dich! Drum trinke
Bekränzt! Ein Glas dem Genius der Dummheit!
Dem Menschen aber leg das Handwerk!

Wursthändler: Wer?
Ich? Und mit wem? – Die Reichen fürchten ihn,
Den Armen macht sein Name schon die Kolik!

Sklave: Denk nur: die Ritter, tausend wackre Männer,
Die hassen ihn, die sind auf deiner Seite,
Dazu der Kern der Bürgerschaft, die Edlen,
Hier die Gescheiten unterm Publikum,
Dann: ich, und – Gott mit uns, es muß ja gehn!
Auch fürchte nichts: sein Kopf – ist nicht der seine,
Kein Maskenmacher wollt' ihn porträtieren
Aus Angst vor ihm; – man kennt ihn, hoff' ich, doch;
Denn unser Publikum, das hat Verstand!

Wursthändler *voll Entsetzen*:
Um Gottes willen, er kommt, der Paphlagonier!

Der Paphlagonier kommt heraus

Paphlagonier: Ha, bei den zwölf Unsterblichen, euch geht's
Nicht gut! Verschworen habt ihr längst euch gegen
Den Demos! – Ein chalkidischer Becher hier? –
Zum Abfall wollt ihr die Chalkidier bringen!
Verruchtes Pack, euch soll die schwere Not!

Sklave *zum Wursthändler, der sich aus dem Staub machen will*:

Du da, was rennst du fort? So bleib doch, edler Wursthändler! Läßt du unsre Sach' im Stich?

Zu dem Chor, der eben eintritt

Nun heran, ihr wackern Rittern, jetzt ist's Zeit, Panaitios, Simon! Schwenkt euch ohne Säumen nach der rechten Seite hin!

Zum Wursthändler

Sieh, die Männer nahen, setze dich zur Wehr und dreh dich um,

Wolken Staubs verkünden ihre Ankunft, sieh, sie dringen ein,

Rück ihm auf den Leib, verfolg ihn, schlag ihn tapfer aus dem Feld!

Der Chor der Ritter tritt auf

Chor: Auf ihn, den Halunken, diesen Ritterehrabschneider, auf!

Auf den steuergierigen Haifisch, das Charybdisungetüm,

Den Halunken, den Halunken, zehnmal noch und hundertmal!

Denn ein Erzhalunk, das ist er, hundertmal an jedem Tag!

Schlagt ihn, haut ihn, alle Wetter laßt ihm wirbeln um den Kopf,

Speit ihm auf die Nas', wir helfen, brüllt ihm wütend ins Gesicht,
Daß er nicht entwischt! Gebt Achtung: denn er kennt die Schliche gut,
Wie einst Eukrates entronnen, wupp dich, in die Klei'n hinein!

Paphlagonier: Kommt, ihr alten Heliasten von der Dreiobolenzunft,
Die ich füttre und verfechte mit Gebrüll, durch dick und dünn,
Helft mir gegen die Verschwornen, Hochverräter prügeln mich!

Chor: Und mit Fug und Recht! Verschlingst du nicht, bevor man es verlost,
Das Gemeingut und verdächtigst Bürger, drückst wie Feigen sie,
Ob sie zeitig sind zum Pflücken oder noch nicht mürb und reif?
Weißt du einen, der Prozesse scheut und schwach und damisch ist,
Häkelst mit Verleumderkrallen du ihn her vom Chersones
Und verschluckst den Leckerbissen, nur die sauren läßt

du stehn!
Deine Beut' ist jeder Bürger, der ein arglos frommes Lamm,
Reich dabei, aus gutem Hause und vor Händeln ängstlich ist!

Paphlagonier: Wie, auch ihr seid mir zuwider, und doch trag' ich Schläg' um euch,
Weil ich just den Antrag stellen wollt', ein Denkmal wohlverdient,
In der Stadt euch zu errichten, wegen eurer Tapferkeit! –

Chor *auf ihn losgehend*:
Ei, du Lederstrick, du Spitzkopf! – Wie schmarotzermäßig er
Uns, wie alten Herrn, scharwenzelt und, ein Kobold, uns umschleicht!
Bück dich nur, mit uns zu stutzen, und an unsrem Fuß prall' ab!

Paphlagonier: Bürger! Demos! Welche Bestien stürzen sich mir auf den Bauch!

Chor: Schreist du? Hast du dich nicht immer auf den Bauch der Stadt gestürzt?

Wursthändler *ebenfalls schreiend*:
Wart, ich will dir schon! Ich jage mit Geschrei dich aus dem Feld!

Chor: Schön! Wenn du ihn niederbrüllen kannst: Triumph, Juheißa dir!
Übertrumpfst du seine Frechheit, dann gehört der Kuchen uns!

Paphlagonier: Diesen Mann, ich denunzier' ihn: denn den peloponnesischen
Schiffen hat er frevlerweise Blutwursttakelage verkauft!

Wursthändler: So? Das wär'! So denunzier' ich ihn, daß er mit leerem Bauch
Eindrang in das Prytaneion, und mit vollem kommt er 'raus!

Sklave: Ja, und daß verbotne Waren, Brot und Fleisch er exportiert,
Und gesalzne Fische, was doch Perikles selbst nicht gewagt!

Paphlagonier: Geh zum Henker auf der Stelle!

Wursthändler: Oh, ich schrei' noch dreimal lauter!

Paphlagonier *immer crescendo*:
Armer Lump, ich schrei' dich nieder!

Wursthändler: Schuft, ich brülle dich zu Boden!

Paphlagonier: Gnad' dir Gott, wirst du 'mal Feldherr!

Wursthändler: Gnad' Gott deinem Hunderücken!

Paphlagonier: Ich vertreibe dir das Prahlen!

Wursthändler: Ich verrenne dir die Schliche!

Paphlagonier: Sieh ins Aug' mir ohne Blinzeln!

Wursthändler: *Meine* Amm' auch ist die Gasse!

Paphlagonier: Ich zerreiß' dich, wenn du mucksest!

Wursthändler: Ich beschmeiß' dich, wenn du raffelst!

Paphlagonier: Ich gesteh's, ich stehle! Wie nun?

Wursthändler: Mir, beim Gott der Gauner, kannst du
Zusehn, und ich schwör' dir's ab!

Paphlagonier: Andern pfuschest du ins Handwerk;
Aber den Prytanen sag' ich's:
Daß den Göttern unverzehntet
Du Gedärme vorenthältst!

Chor: O du verworfener,
Scheußlicher Schreier, sind
Voll deines Übermuts
Länder und Meere nicht,

Nicht der Gemeindeplatz,
Zollhaus, Gerichtskanzlei?
Rührer in jedem Dreck,
Hast du die ganze Stadt
Säuisch nicht umgewühlt?
Übertäubst du nicht mit deinem Brüllen die Athener, spähst
Du nach Zöllen nicht vom Felsen, lauernd
Thunfischfängern gleich?

Paphlagonier: Gut, ich weiß nun, wer den Handel mir zusammengeschustert hat!

Wursthändler: Ja, wenn du nichts weißt vom Schustern, weiß auch ich vom Wursten nichts!
Hast du Leder nicht von krankem Vieh den Bauern oft verkauft,
Zugeschnitten aufs Bescheißen, daß es aussah derb und dick?
Eh' sie's *einen* Tag getragen, war der Schuh zwei Hände breit!

Sklave: Ja, bei Zeus, mir selber hat er also mitgespielt und mich
Zum Gespött bei meinen Freunden und der Nachbarschaft gemacht:

Eh' ich Pergasai erreichte, plampte mir der Schuh am Fuß!

Chor: Hast du nicht immer durch
Unverschämtheit geglänzt,
Jene Haupteigenschaft,
Die beim Redner alles gilt,
Und mit der du fremde Bäume abgeleert mit Stumpf und Stiel,
Du zuerst? – Und Hippodamos' Sohn, der sieht's und weint dazu!
Aber gefunden, gottlob, ist ein andrer Mann,
Tausendmal schlechter als du und verruchter,
Ja, der stürzt dich, überlegen, wie er eben sich bewährt,
Dir an Frechheit, Buberei
Und an Koboldhaftigkeit!
Zum Wursthändler
Du gleichst an Stand und Bildung ganz den Herrn, die jetzt regieren:
So zeige jetzt, daß Bildung und Charakter – taugt den Teufel!

Wursthändler: So hört denn, welches Geistes Kind hier dieser edle Bürger!

Paphlagonier: Wirst du das Wort mir lassen?

Wursthändler: Nein! Bin ich nicht schlecht wie einer? Mein ist das Wort zuerst, und dies will ich sogleich verfechten!

Chor: Und weicht er nicht, so sag ihm, schlecht sei'st du und deine Väter!

Paphlagonier: Willst du das Wort mir lassen?

Wursthändler: Nie!

Paphlagonier: Du mußt!

Wursthändler: Das will ich sehen!

Paphlagonier: Ich berste noch vor Wut!

Wursthändler: Beileib', das lass' ich nicht geschehen!

Chor: Um Gottes willen, laß es doch geschehen, laß ihn bersten!

Paphlagonier: Mit welchem Recht erfrechst du dich, mir hier zu widersprechen?

Wursthändler: Warum? Weil ich ein Redner bin und tüchtig weiß zu pfeffern!

Paphlagonier: Seht doch, ein Redner! Fiele dir ein Handel unters Messer,
Du packtest ihn und hacktest schön zu Quark ihn

durcheinander!
Weißt du, wie dir's gegangen ist? Wie Tausenden!
Weil *einmal*
Dir ein Prozeßchen nicht mißlang mit einem fremden Lumpen,
Mit Rezitieren nachts, im Gehn so Vor-dich-hin-plädieren,
Prob' halten, Wasser trinken, Schrei'n, der Nachbarschaft zum Ärger –
Jetzt glaubst du gleich, du bist ein Held im Reden: o du Dummkopf!

Wursthändler: Was trinkst denn du, daß dir's gelang, dir einzig und alleine,
In Grund und Boden, stumm und dumm die ganze Stadt zu schwatzen?

Paphlagonier: Wen stellst du mir in aller Welt entgegen? Ich verschlinge
'Nen Thunfisch frisch vom Feuer weg und trink' 'ne Kanne Lautern,
Dann tob' und bring' ich unter mich die Feldherrnschaft in Pylos!

Wursthändler: Ich fresse Rindskaldaunen nur und Schwartenwurst mit Saublut,

Dann schluck' ich meine Supp' hinab, und ungewaschen schnür' ich
Die Gurgel zu den Rednern, und dem Nikias bohr' ich Esel!

Chor: Vortrefflich alles, was du sagst! Eins will mir an dem Handel
Nur nicht gefallen, daß allein du willst die Suppe essen.

Paphlagonier: Und frißt du einen Meerwolf auch, du machst Milet nicht mürbe!

Wursthändler: Hab' ich ein Rippenstück im Bauch, kauf ich mir Silbergruben!

Paphlagonier: Ich spring' ins Stadthaus, und zum Mus will ich den Rat euch rühren!

Wursthändler: Und ich hantier' im Mastdarm dir, als wie in einer Knackwurst!

Paphlagonier: Ich reiß' am Hinterbacken dich zum Loch heraus, kopfunter!

Chor: Bei Gott, wenn du's mit dem versuchst, mußt du mich mit herausziehn!

Paphlagonier: Komm nur, ich schlag' dich in den Stock!

Wursthändler: Als feigen Hund verklag' ich dich!

Paphlagonier: Ich gerbe dir dein Luderfell!

Wursthändler: Ich zieh' dir deine Diebshaut ab!

Paphlagonier: Ich spann' und nagle dich aufs Brett!

Wursthändler: Ich mache Wurstgehäck aus dir!

Paphlagonier: Ich reiße dir die Augen 'raus!

Wursthändler: Ich schneide dir den Rachen auf!

Sklave: Ganz recht! Dann stecken einen Pflock,
Wie Köche, wir ihm in den Schlund
Und reißen ihm die Zung' heraus,
Und durch das aufgesperrte Maul
Bis auf den Grund hinunter sehn
Wir mutig und
Exakt: ob er nicht finnig?

Chor: Heißer als Feuer ist
Etwas noch auf der Welt,
Frechere Reden gibt's
Doch noch, als die die Stadt
Bisher gehört: das Ding
Geht ja so übel nicht!
Zum Wursthändler
Pack ihn und drill ihn jetzt
Derb, nur nichts halb getan!

Hast ihn ja gut gepackt!
Wenn du gleich im ersten Anlauf mürb' ihn machst, dann wirst du sehn,
Wie er feig ist: oh, ich kenne diesen Burschen durch und durch!

Wursthändler: Ja, obwohl er all sein Leben eine feige Memme war,
Galt er doch als Held, indem er erntet', wo er nicht gesät!
Und so läßt er eben Garben, frisch von Pylos mitgebracht,
Jämmerlich im Stockhaus modern, ja verschachern will er sie!

Paphlagonier: Pah! Ich fürcht' euch nicht, solange noch die Ratsversammlung lebt
Und mein Alter noch, der Demos, dort sitzt wie ein Haubenstock!

Chor: Nun, das nenn' ich konsequent doch
In der Frechheit! Was auch kommt, er
Ändert die Farbe nicht!
Wenn ich dich nicht hasse, geb' ich mich zum einz'gen Polster her
Für Kratinos, und zum Chor in einem Stück von Morsimos!

Du, der aus allem und jeglichem Wucher
Saugt, wie die Hummel aus Blumen, o müßtest
Du, was du gestohlen, wieder von dir geben,
Summendieb!
Dann wollt' ich singen immerdar:
„Trinke, trink, und freue dich!“
Selbst des Iulios Sohn, der alte Weizenschnapper, würde dann
Jauchzend seinen Paian singen und das Bakchoslied dazu!

Paphlagonier: Was wollt ihr doch? Ihr werdet nie an Frechheit mich erreichen,
Sonst will ich auf das beste Teil am Opfermahl verzichten!

Wursthändler: Nein, bei den Backenstreichen, die ich tausendmal bekommen
Von Kindesbeinen an, und bei den Küchenmesserhieben,
Ich weiß, ich bin ein andrer Mann in diesem Fach, ich bin wohl
Von Abwischbrocken nicht umsonst so groß und stark geworden!

Paphlagonier: Mit Abwischbrocken, wie ein Hund? Und du, mit Hundefutter

Traktierter Lump, du wagst dich frech an mich, den Hundsfellgerber?

Wursthändler: Ich kann aus meiner Bubenzeit dir andre Streich' erzählen!
Die Köche hab' ich angeführt: ›Hui‹, rief ich ihnen, ›Bursche,
Da, seht euch um, der Frühling kommt, die Schwalbe, seht, die Schwalbe!‹
Sie guckten 'rum, und unterdes stibitzt' ich weg die Würste!

Chor: O du geschickte Wurst! Wie hast du klug die Zeit berechnet
Und dir geholt dein Teil, wie „vor der Schwalbe junge Nesseln!"

Wursthändler: Und niemals hat man mich ertappt! Wenn's einmal einer merkte,
Flugs steckt' ich's zwischen die Bein' und schwur es ab bei allen Göttern.
Drum hat mir auch ein Redner, der mir zugesehn, verheißen:
›Dem Jungen kann's nicht fehlen, der wird einst ein Staatsmann werden.‹

Chor: Der hat's getroffen! Freilich war's auch leicht zu prophezeien:
Du stahlst, du schwurest falsch, dabei stak dir das Fleisch im Hintern.

Paphlagonier: Jetzt will ich gleich dein freches Maul, euch allen will ich's stopfen,
Ich fahre wie der Blitz heraus und stürze mich gewaltig
Im Wirbelsturm auf Land und Meer und rühr' es durcheinander!

Wursthändler *seinen Kram zusammenraffend*:
Da zieh' ich ein – die Därm' und fahr' hinaus auf hohen Wellen
Mit vollem Wind, und hintendrein kannst du, Verworfner, heulen.

Sklave: Ich werde, kriegt das Schiff ein Leck, fest an der Pumpe stehen!

Paphlagonier: Du? Bei Demeter, büßen sollst du, daß du den Athenern
Viel Tausende gestohlen hast!

Chor: Paß auf, zieh ein die Rahen,
Der Süd – der Sykophantenwind, der böse, läßt sich spüren!

Wursthändler: Von Potidaia, leugne mir's, bekamst du zehn Talente!

Paphlagonier: Und wenn? So nimmst du, hoff' ich, eins und wirst zu schweigen wissen!

Chor: Das nimmt er schon, der Ehrenmann! – Nur aufgehißt die Segel!

Wursthändler: Ei seht mir doch, der Sturm läßt nach!

Paphlagonier *wieder auffahrend*:
Ich werfe vier Prozesse dir
Von hundert Talenten an den Hals!

Wursthändler: Ich zwanzig dir, als Deserteur,
Und tausend noch, als Kassendieb!

Paphlagonier: Du bist, behaupt' ich, vom Geschlecht
Der Frevler an der Göttin Haus!

Wursthändler: Dein Ältervater, sag' ich, war
Ein Leibtrabant –

Paphlagonier: Von wem, du Schuft?

Wursthändler: Von Hippias' Frau, der Byrsine!

Paphlagonier: Du bist ein Schelm!

Wursthändler *mit Wurstdärmen nach ihm hauend*: Du, Gauner, du!

Chor: Hau wacker zu!

Paphlagonier: Verschwörung! Mord!
Sie prügeln mich, au weh, au weh!

Chor: Hau tapfer zu, aus aller Kraft,
Hau mit den Därmen ihm den Bauch,
Mit Schwarten mürb,
Daß ihm die Schwarten krachen!
Du herzhaft tücht'ges Rippenstück, du tapferster der Helden,
Du bist der Heiland unsrer Stadt und unser aller Retter!
Wie schlau hast du ihn heimgeschickt und abgetrumpft mit Reden!
Oh, könnten wir dich nach Verdienst, so wie wir wünschen, rühmen!

Paphlagonier: Glaubt nicht, ich merkt' es nicht, wie ihr den Handel
Gezimmert; oh, ich sah es wohl, wie alles
Von euch genietet und genagelt ward!

Chor *zum Wursthändler*:
Kannst du wohl auch so wagnermäßig reden?

Wursthändler: Eins weiß ich doch: was er in Argos treibt;
Er tut, als wollt' er Argos uns befreunden,
Und spielt mit den Spartanern unterm Tische;
Was dort geschmiedet und gelötet wird,
Weiß ich: um die Gefangnen geht der Blasbalg!

Chor: Schön, schön! Für Wagnerarbeit Grobschmiedsware!

Wursthändler: Die hämmern dort dann wieder ihrerseits.
So ist's! Versprich mir Gold und Silber, hetze
Mir deine Spießgesellen auf den Hals,
Es nützt dir nichts: ich sag's der ganzen Stadt!

Paphlagonier: Gleich auf der Stelle geh' ich in den Rat
Und zeig' euch all' als Staatsverräter an,
Wie ihr euch heimlich nachts zusammenrottet,
Wie ihr mit den Barbaren konspiriert,
Was mit Boiotien ihr zusammenkäset!

Wursthändler *gleichgültig*:
Was mag der Käs wohl in Boiotien gelten?

Paphlagonier: Wart nur, ich streck' dich aus wie eine
Kuhhaut! *Schnell ab*

Chor: Wohlan denn, hast du Herz, hast du Verstand?
Jetzt zeig, ob du das Fleisch, wie du dich rühmest,
Einst wirklich hinterm Hodensack versteckt!

Auf! Spornstreichs mußt du jetzt aufs Rathaus rennen;
Der wird schon dort sein und drauf los verleumden
Und Zetermordio schreien über uns!

Wursthändler: Ich gehe, wie ich bin, ich lege nur
Hierher die Kutteln und mein Metzgermesser.

Chor: Da, schmiere dir die Kehle mit dem Schmer,
Damit du seinen Schlingen glatt entschlüpfst!

Wursthändler: Du sprichst vom Ringen ja als wie ein
Meister!

Chor *gibt ihm Knoblauch*:
Da schnapp auch das hinunter!

Wursthändler: Und wozu!

Chor: Damit du knoblauchhitzig kämpfst, mein Lieber!
Jetzt spute dich!

Wursthändler: Das tu' ich.

Chor: Halt dich wacker,
Und beiß und zaus' ihn, friß ihm ab den Kamm,
Die roten Läppchen mit; dann zeig dich wieder!
Wursthändler und Sklave nach verschiedenen Seiten ab
Zieh hin zum Sieg, ich wünsche dir Glück,
Es führe dich Zeus, der Beschützer des Markts,

Und bald triumphierend kehre zurück
Zu uns, überhangen mit Kränzen!
An die Zuschauer
Ihr aber verleiht unserm festlichen
Anapästischen Lied ein günstiges Ohr,
Feinschmecker ihr
In jeglicher Gabe der Muse!
War' in früherer Zeit mit Bitten in uns ein Komödiendichter gedrungen,
Auf den Schauplatz hin uns zu stellen vor euch und des Stücks Parabase zu sprechen,
Wir hätten wohl kaum ihm die Bitte gewährt: doch dieser verdient es, der Dichter,
Der dieselbigen haßt, wie wir, und es wagt, die Wahrheit vor allen zu reden,
Der entgegen sich stellt dem brausenden Sturm und der Windsbraut bietet die Stirne.
Und dieweil er uns sagt, daß mancher von euch ihm seine Verwunderung aussprach
Und ihn fragte, warum er nicht früher schon für sich selber den Chor sich erbeten,
So sollen wir dies, wie er selbst es wünscht, euch erklären; vernehmt seine Meinung:
Nicht Blödigkeit sei es gewesen von ihm; doch Komödien

aufzuführen,
Diese Kunst – er habe die Schöne stets für die sprödste von allen gehalten;
So mancher auch schon gebuhlet um sie, sie habe nur wen'ge begünstigt.
Auch kenn' er euch längst schon als launisch und wie jedes Jahr euch ein anderer Kopf wächst,
Wie ihr treulos Dichter im Alter, die einst eure Lieblinge waren, verachtet.
Wohl wiss' er ja, wie es dem Magnes erging, als das Alter ihm bleichte die Haare,
Er, welcher so oft im dramatischen Kampf die Palme des Sieges errungen,
Der in jeglichem Ton sich versuchte für euch, mit Lautenklang, Vogelgezwitscher,
Mit lydischem Lied, mit Wespengesumm und Gequak aus der Maske der Frösche:
Er behagte nicht mehr euch, der Alte, zuletzt – denn anders war's, da er jung war –
Ihr stießt ihn von euch, den ergrauten Mann, weil der beißende Witz ihn verlassen!
Dann gedacht' er wohl auch des Kratinos, der einst, von dem Donner des Beifalls begleitet,
Wie ein Waldstrom sich auf das Blachfeld ergoß,

Steineichen, Platanen und Feinde
Aus dem Boden riß mit der Wurzel und hin sie trug auf den rauschenden Wogen.
Da gefiel kein Lied bei den Schmausen als dies: „O feigenholzsohlige Doro!“
Und: „O Meister im künstlichen Liederbau!“ – So stand er, wie keiner, im Flore!
Jetzt hört ihr sein kindisches Lallen, es rührt euch nicht; und ihr seht, wie der Leier
Die Wirbel entfallen, die Saiten verstummt, das Instrument aus den Fugen
Gewichen: – so seht ihr ihn wanken umher, den würdigen Alten, wie Konnas,
Mit dem welken Kranz auf der Glatze, vor Durst verschmachtend; wenn einer, hätt' er es
Verdient, für die Siege, die einst er erfocht, im Prytaneion zu zechen,
Nicht so zu verkümmern, zu schimmern vielmehr im Theater dem Bakchos zur Seite!
Und Krates sodann, was mußt' er von euch nicht ertragen für Launen und Püffe,
Der oft mit geringem Aufwand euch bewirtet und trockenen Mundes
Die witzigsten Sachen euch vorgekaut, und ihr ginget

zufrieden nach Hause!
Der hielt sich allein, doch freilich auch wie? Heut ausgezischt, morgen – geduldet!
Das machte nun unsern Poeten so scheu, drum zögert' er immer und meinte:
Man müsse zuerst an dem Ruder stehn, bevor man ans Steuer sich setze,
Dann müsse man noch auf dem Vorderdeck erst dienen und achten des Windes,
Bis zu lenken das Schiff auf eigene Hand man vermöge.
Das schreibt ihm zugute!
Nicht unüberlegt, nicht im Leichtsinn sticht er in See, nicht mit albernen Späßen;
Drum klatscht, daß die Woge des Beifalls rauscht, und begrüßt ihn mit schallenden Rudern,
Mit dem jauchzenden Sturm der lenaiischen Lust
Empfangt, wie er wünscht, den Poeten und laßt
Heimkehren ihn heut
Mit freudig strahlendem Antlitz!

Erster Halbchor: König der Ritter, Poseidon, dem
Stampfender Hufe eherner Klang
Und das Gewieher der Rosse gefällt
Und die blaugeschnäbelten, rasch

Segelnden Kriegsfregatten
Und der Jünglinge Wettfahrt, stolz
Prangend jetzt auf dem Wagen, jetzt
Hart an den Boden geschmettert:
Sei uns nah, der du schwingst den goldnen Dreizack,
Herr der Delphine, hochverehrt in Sunion
Und in Geraistos, Kronos' Sohn,
Phormions Gönner, und für jetzt
Unter den sämtlichen Göttern zumeist
Hold dem Volk der Athener!

Chor: Ruhm und Preis sei unsern Vätern: denn sie waren allezeit
Männer, würdig unsres Landes, und des heil'gen Peplos wert,
Die zu Land in heißer Feldschlacht und im kühnen Flottenkrieg,
Überall und immer Sieger, unsre Stadt mit Ruhm geschmückt!
Keiner hat, wenn er den Feinden stand im Angesichte, je
Sie gezählt, und ›Herz im Leibe‹ hieß ihr treuster Kriegskumpan.
Wenn auch einmal im Gefechte einer auf die Schulter fiel,

Schüttelt' er sich's ab – wer wollt' ihn zeihn, daß er am Boden lag?
Weiter focht er! Auch der Feldherrn keiner hätt' ein gutes Wort
Dem Kleainetos gegeben um Verköstigung vom Staat.
Jetzo heißt es: ›Freie Atzung und den Ehrensitz; wo nicht,
Bleib' ich hübsch daheim!‹ – Wir aber sind bereit, auch ohne Sold,
Wacker für die Stadt zu streiten und die Götter unsres Volks.
Nichts verlangen wir zum Lohne, als dies einzige, nur dies:
Wenn es endlich kommt zum Frieden und die Drangsal hat ein End',
Daß sich niemand ärgert, wenn er mit gekämmtem Haar uns sieht!

Zweiter Halbchor: Pallas, Städtebeschützerin,
Hort des gefeiertsten Landes der Welt,
Dem an Kriegs- und Dichterruhm,
Reichtum, Glanz und drohender Macht
Keines sich mag vergleichen,
Nahe dich uns und bringe sie mit,

Unsre Gefährtin in Kampf und Streit,
Stets zu begleiten uns willig,
Nike, die hold auch den Chören ist
Und den Feinden mit uns gerne die Stirne beut,
Jetzo komm, o erscheine: denn
Deiner Hilfe bedürfen wir,
Daß, wenn je, du mit Macht
Sieg verleihest den Kämpfern!

Chor: Unsrer treuen Kampfgenossen sei zuletzt mit Lob gedacht,
Unsrer Rosse, sie verdienen's: manchen Angriff, manchen Strauß
Haben sie mit uns bestanden manchen Einfall, manche Schlacht,
Und wie sie zu Land sich hielten, so bewunderswert ist's nicht,
Als ihr stolzer Mut, mit dem sie auf die Reiterschiffe rasch
Sprangen – wohlversehn mit Humpen, Zwiebeln, Knoblauch, wie's der Brauch;
Wie sie dann beim Ruder standen, grade wie wir Sterblichen,
Rüstig schaffend, laut aufwiehernd: ›Hirra hi, frisch auf,

ans Werk,
Angegriffen, rasch gerudert, Schimmel, Rappe, wollt ihr dran?‹
Also sprangen sie ans Ufer vor Korinth; der Jüngsten Huf
Scharrt' und wühlte Lagerstätten auf und schaffte Streu herbei,
Und mit Appetit verzehrten Krabben sie, statt med'schen Klees,
Wenn sie an ihr Lager krochen, ja sie fischten sie im Meer;
Und Theoros sagt, es hab' ihm ein korinth'scher Krebs vertraut:
›Ist's nicht schrecklich, beim Poseidon, daß ich selbst im Meeresgrund,
Nicht zu Land und nicht zu Wasser diesen Rittern kann entfliehn?‹

Zweite Szene

*Der **Chor**. Der **Wursthändler**. Später der **Paphlagonier**, dann **Demos***

Chor *zum Wursthändler, der vom Rathaus zurückkommt*:
Du teurer, jugendmut'ger Held, was hatt'

Ich nicht für Angst um dich, seit du gegangen!
Doch nun, da du mit heiler Haut zurück,
Sag an, wie du den Handel ausgefochten.

Wursthändler: Wie? – Seinen Mann hab' ich dem Rat gezeigt!

Chor: Nun, so laß mit lautem Jubel, Sieger, dich begrüßen,
Mann des Worts, und was erhabner noch als alles Reden ist,
Mann der Tat, erzähle mir
Alles, wie es ging, genau;
Herzlich gern, glaube mir,
Lief ich meilenweit, allein um solches anzuhören.
Drum rede nur getrost, damit wir, Bester,
All' uns deines Sieges freun!

Wursthändler: Gewiß, es lohnt die Müh, das anzuhören!
Ihr wißt, ich folgt' ihm schnurstracks auf dem Fuß:
Dort brach er los, wie Donnerkeilgerassel,
Brüllt wie ein Untier auf die Ritter, pustet
Felsblöck' und schilt sie allesamt Verschwörer,
Und gläubig hört der ganze Rat ihm zu,
Füllt sich den Bauch mit gift'gen Lügenpilzen,
Zog auf die Brau'n und schnitt ein Senfgesicht.
Kaum merkt' ich, daß mit seinem Lügenköder

Der Schelm sie fing, da sprach ich so zu mir:
›Auf, ihr Kobold', Alraunen und Alfanzen,
Asmodi, Plump und Puck, Spukgeister ihr,
Jetzt macht mich zungenfertig, trotzig, frech,
Und helft mir schrein!‹ – So stand ich in Gedanken,
Da donnert rechts von mir ein mächt'ger Furz:
Ich dankte Gott und prallte mit dem Hintern
Aufs Gatter, daß es brach, drang ein und riß
Das Maul auf: ›Ich verkünd' euch Heil und Segen,
Ihr Ratsherrn, gute Botschaft bring' ich euch:
Noch niemals seit dem Ausbruch dieses Kriegs
Sah ich so wohlfeil die Sardellen hier!‹
Da klärte plötzlich sich ihr Antlitz auf,
Ich ward bekränzt für meine frohe Nachricht.
Gleich macht' ich ihnen den ›geheimen‹ Vorschlag,
Den Töpfern alle Schüsseln wegzunehmen
Und Fische g'nug fürs Sitzungsgeld zu kaufen.
Sie klatschten Beifall und begafften mich;
Der Paphlagonier, schnell bedacht – er wußte,
Wie man beim Rat am besten sich empfiehlt –
Verlangt das Wort: ›Ihr Herrn, ich schlage vor,
Zum Dank für diese segensreiche Botschaft
Der Göttin hundert Ochsen gleich zu opfern.‹
Und wieder nickt der Rat ihm freundlich zu.

Als ich mit Ochsenunrat mich im Rat
Besiegt sah, trumpft' ich drauf: ›Zweihundert Ochsen!‹
Auch tausend Ziegen riet ich zu geloben
Der Artemis, wenn morgen Gründlinge
Zu haben, hundert für 'nen Obolos.
Und wieder dreht der Rat nach mir den Kopf.
Der andre steht verblüfft und stottert was;
Fort schoben ihn Prytanen und Trabanten,
Und alle standen auf und lärmten wegen
Der Fische. Doch er bat: ›Geduldet euch
Nur einen Augenblick! Ein Bot' ist da
Von Sparta, hört erst seinen Friedensantrag!‹
Sie aber schrien all' aus *einer* Kehle:
›Was, Frieden, jetzt? Du Narr, jetzt, wo sie merken,
Daß die Sardellen wohlfeil sind bei uns?
Nichts da von Frieden? Laßt dem Krieg den Lauf!
Prytanen, schließt die Sitzung!‹ – Und sie sprangen
Nach allen Seiten übers Gatter weg.
Ich lief voraus, und allen Koriander
Und Schnittlauch kauft' ich auf dem Markt zusammen
Und gab's den Armen gratis, ihre Fische
Zu würzen, und – ich war der Mann des Volks!
Das war ein Loben, ein Potztausendschnalzen!

Mit einem Obolos für Koriander
Bring' ich den Rat hier in der Tasche mit.

Chor: O du Glückskind, alles hast du herrlich angefangen!
Seinen Meister hat der Spitzbub' jetzt gefunden, der ihn weit
Überstrahlt an Schurkerei,
Ränken, Kniffen aller Art
Und Geschwätz, glatt und schlau.
Denke nur jetzt drauf, die Sache ferner mannlich
Durchzufechten; daß wir dir im Kampf zur Seite
Treulich stehn, das weißt du längst!
Der Paphlagonier kommt gelaufen

Wursthändler: Da kommt der Paphlagonier! Wie er schnaubt
Und Wellen wirft und spritzt und schäumt, als wollt'
Er mich verschlucken! Welch ein Graus, hu hu!

Paphlagonier: Mord' ich dich nicht mit Lügenwerk, ich kann's
Noch hoffentlich, will ich zu Aas verfaulen!

Wursthändler: Recht hübsch geflucht, dein Drohen macht mir Spaß,
Ich tanz' und spring' und schnalze vor Vergnügen!

Paphlagonier: Ich sag' dir, fress' ich dich nicht hier vom Boden
Hinweg zur Stadt hinaus, soll mich die Kränk' –!

Wursthändler: Du willst mich fressen? Nun, dann sauf ich dich,
Und hab' ich dich im Leib, will ich zerplatzen!

Paphlagonier: Bei meinem Ehrenplatz als Held von Pylos,
Ich bring' dich um!

Wursthändler: So, so, der Ehrenplatz?
Dich seh' ich bald dort auf der letzten Bank!

Paphlagonier: Beim Uranos, du mußt mir in den Stock!

Wursthändler: Wie hitzig! Sag, womit kann ich dir dienen?
Was ißt du gern – Pasteten goldgefüllt?

Paphlagonier: Ich kratz' dir mit den Klau'n die Kutteln 'raus!

Wursthändler: Ich rapse dir den Fraß im Prytaneion!

Paphlagonier: Zum Demos schlepp' ich dich, du sollst mir's büßen!

Wursthändler: Ich dich zuerst, ich will den Schurken zeichnen!

Paphlagonier: Du Lump, er glaubt dir doch kein Wort, und ich,
Ich lach' ihm ins Gesicht, wie mir's gefällt!

Wursthändler: Glaubst du, du hast den Demos ganz im Sack?

Paphlagonier: Pah, ich versteh's, wie man das Maul ihm stopft!

Wursthändler: O ja, du fütterst ihn, wie schlechte Ammen,
Kaust ihm was vor und steckst ein bißchen ihm
Ins Maul, und dreimal mehr verschluckst du selbst!

Paphlagonier: Nun ja, das ist ja eben meine Kunst:
Ich mach' ihn dick und dünn und weit und eng.

Wursthändler: 'Ne schöne Kunst, das kann mein Hintrer auch!

Paphlagonier: Glaubst du, du Narr, es geht wie dort im Rat?
Marsch, vor den Demos!

Wursthändler: Immer zu, es steht
Dir nichts im Weg, nur vorwärts, ungeniert!

Paphlagonier *ruft ins Haus hinein*:
Komm, Vater Demos, sei so gut, komm 'raus!

Wursthändler: So komm doch, Demos, Herzenspüppchen, komm!

Demos humpelt heraus, ärmlich gekleidet

Demos: Wer schreit da? Schert euch von der Türe weg!
Ihr habt mir da den Ölzweig schön verrupft!

Paphlagonier: Komm, Bester, sieh, wie sie mich hier mißhandeln!

Demos: Wer tut dir was zuleid, mein Paphlagonier?

Paphlagonier: Sieh, deinetwegen prügeln mich die Schurken!

Demos: Warum?

Paphlagonier: Weil ich dich liebe, dich vergöttre!

Demos *zum Wursthändler*:
Wer bist denn du?

Wursthändler: Ich bin sein Nebenbuhler.
Längst lieb' ich dich und möcht' es gern dir zeigen,
Ich, wie wohl sonst noch mancher wackre Mann.
Du aber läßt uns nicht und bist genau
Wie andre hübsche Buben, die man liebt.
Die edeln, wackern Männer weist du ab

Und gibst mit Ampelnmachern, Saitenkrämern,
Schuhflickern nur dich ab und Lederhändlern.

Paphlagonier: Wie viel verdankt der Demos mir!

Wursthändler: Zum Beispiel?

Paphlagonier: Ich fuhr nach Pylos, lief den Feldherrn ab
Den Rang und brachte die Spartaner her!

Wursthändler *ihn nachäffend*:
Ich lass' die Bude stehn und schlendre 'rum,
Und, kocht ein andrer, stehl' ich ihm den Topf!

Paphlagonier *zum Demos*:
Herr, weißt du was? Wir halten gleich Versammlung,
Da wirst du sehn, wer dir ergebner ist;
Entscheide selbst, wer deine Gunst verdient!

Wursthändler: Tu das, jetzt gleich, und nur nicht auf der
Pnyx!

Demos: Ich mag an keinem andern Ort mich setzen
Als auf der Pnyx, wie immer; laßt uns gehn!

Wursthändler *gegen die Zuschauer*:
Weh mir, so ist's um mich geschehn! – Der Alte,
Zu Haus ist er ein ganz vernünft'ger Mann,

Doch sitzt er auf der Steinbank, sperrt das Maul
Er auf, wie Knaben, die nach Feigen schnappen.

Demos und Paphlagonier setzen sich auf die steinernen Bänke, die den Versammlungsplatz des Volks – die Pnyx – vorstellen

Chor *zum Wursthändler*:
Beisetzen mußt du jetzt, mein Freund, was du vermagst an Segeln,
Mußt mit dir führen Feuermut, Worte zum Zerschmettern,
Und schwer Geschütz zum Kampf mit ihm: schlau ist er und tückisch,
Unmögliches versteht der Fuchs in Mögliches zu wandeln!
So tritt ihm breit und mächtig denn, mit Sturmgewalt entgegen;
Doch sei auf deiner Hut, und eh' er dir sich naht, erhebe
Den Bleiklotz, um ins Schiff ihn gleich beim Entern ihm zu werfen!

Paphlagonier: Zu Athene fleh' ich, der Herrin der Burg, der Schirmerin unseres Landes:
Wofern ich der Stadt und dem Volk von Athen, für das ich mich immer geopfert,
Der verdienstvollste Mann nach Lysikles bin, nach der

Kynna und Salabakcho,
Stets soll mir, wie jetzt, und tu' ich auch nichts, der Tisch der Prytanen gedeckt sein!
Doch hass' ich dich je, und werf ich mich nicht, ich allein, deinen Feinden entgegen,
Dann schinde mich, Demos, zersäge mich, hau mich zu Halfterriemen in Stücke!

Wursthändler: Wenn ich dich nicht liebe, vergöttre, o Herr, dann lass' ich mich hacken und kochen
Wie Kaldaunen, und traust du mir so noch nicht, so lass' ich mich hier auf dem Schragen
Zerhacken und reiben wie Käs auf den Brei mit der Raspel, ich lass' an den Hoden
Mit Küchengabeln und Zangen hinaus auf den Kerameikos mich schleppen!

Paphlagonier: Wo lebt er, der Mann, der dich inniger liebt, als ich, dein Getreuer, o Demos,
Ich, der dir von Anfang zum Besten nur riet und Geld in die Kassen die Fülle
Dir geliefert, indem ich die einen beschwatzt, die andern geängstigt, gefoltert,
Ohne Rücksicht stets auf die einzelnen, wenn ich nur *dir* mich gefällig erzeigte!

Wursthändler: Was will das heißen, o Demos? Ich selbst, ich vollbringe mit Freuden dasselbe:
Den andern stehl' ich vom Mund hinweg das Brot und bediene dich bestens.
Daß der dich nicht liebt und es schlecht mit dir meint, das beweis' ich zur Stelle dir schlagend:
Eins will er und sonst nichts andres, als sich erwärmen an deinen Kohlen.
Du, der für die Heimat, das Schwert in der Hand, dich bei Marathon tapfer geschlagen
Und die Perser besiegt und das Recht uns erkämpft, mit der Zunge gewaltig zu fechten,
Da sitzest du hart auf den Steinen, und er? Ihn kümmert es nicht im geringsten;
Und ich – ich habe dies Polster genäht und gestopft! So erhebe dich, Demos,
Und setze dich weich und schone den Freund, *auf des Demos Hintern zeigend* der so wacker bei Salamis nachschob!

Demos *sich auf das untergelegte Polster setzend*:
Wer bist du, o Mann? Ein Sprößling vielleicht von Harmodios' edlem Geschlechte?

Wahrhaftig, du bist des Demos Freund, patriotisch hast du gehandelt!

Paphlagonier: Wie läßt du doch gleich durch den lumpigen Dienst, diesen Schmeichlerkniff, dich bestechen?

Wursthändler: War der Köder nicht tausendmal lumpiger noch, mit dem du den Alten geangelt?

Paphlagonier: Nein, sag' ich, wie ich hat nie sich ein Mann für den Demos gestellt vor die Risse,
Nie hat ihn ein Bürger geliebt so wie ich, den Kopf will ich wetten zur Stunde!

Wursthändler: Du liebst ihn, und siehst's ohn' Erbarmen mit an, wie in Tonnen, Baracken und Winkeln,
Wachtürmen und Geiernestern er schon acht Jahr sich mußte verkriechen?
Du sperrst ihn ein, wie im Bienenkorb, und wiesest den Friedensvermittler,
Archeptolemos, ab und jagtest hinaus zu den Toren der Stadt die Gesandten
Und gabst ihnen noch einen Tritt vor den Arsch, zum Dank für den friedlichen Vorschlag!

Paphlagonier: Über Hellas wollt' ich ihn machen zum Herrn, denn so lautet ein Spruch des Orakels:

„In Arkadien wird fünf Obolen einst beziehen als Richter der Demos,
Wenn er standhaft bleibt." Ich besorg' ihm indes ausreichende Nahrung und Pflege,
Und, grad oder krumm, ich finde den Weg, die drei Obolen ihm zu verschaffen!

Wursthändler: Zum regierenden Herrn in Arkadien, so, willst du ihn befördern? Du Prahler!
Nein, Raub und Bestechung, das suchst du allein in den Städten des Bundes; der Demos,
Der sieht vor dem Staub und Getümmel des Kriegs nicht mehr, wie du bübisch hantierest;
Aus Hunger und Not, um den täglichen Sold, vergafft er in dich sich, der Arme!
Doch zieht er einst wieder aufs Land und wohnt bei den Seinen im Frieden und frischt sich
An Weizengraupen den Mut wieder auf, und trinkt er im Most sich vernünftig,
Dann wird er erkennen, welch köstliches Gut mit dem Solddienst du ihm verdorben;
Dann kommt er, ein grimmiger Bauer, zur Stadt und wirft an den Kopf dir die Steine.

Das weißt du, Betrüger, und deinethalb nur verrückst du den Kopf ihm mit Träumen!

Paphlagonier: Ha, ist's nicht verrucht, daß du so mich beschimpfst und verleumdest vor allen Athenern,
Vor dem Demos hier, und mich, der stets den Bürgern nur Gutes erwiesen,
Und anders noch, bei Demeter, als einst Themistokles, sie mir verpflichtet?

Wursthändler: „O Argos, du hörst, was er kündet?" Er stellt dem Themistokles frech sich zur Seite,
Dem Mann, der die Stadt bis zum Rande gefüllt, die er voll nur zur Hälfte gefunden,
Der, während das Volk beim Frühstück saß, den Peiraieus zum Nachtisch gebacken,
Der die Fisch' ihm ließ, die ihm vorher geschmeckt, und mit neuen dazu ihn bediente?
Du trachtest nur, aus den Bürgern Athens Kleinstädter zu machen, du sperrtest
Mit Orakelgewäsch in den Mauern sie ein, du, der sich Themistokles gleichstellt!
Er wurde verbannt, du putzt dir am Tisch mit Achilleuskuchen die Hände!

Paphlagonier: Ha, ist es nicht schnöd, o Demos, daß ich von dem Kerl da solches muß hören,
Bloß, weil ich dich lieb'?

Demos: Ich sage dir, still! Und laß das verwetterte Belfern!
Zu lange schon hast du verstohlen mein Mehl in der glühenden Asche verbacken!

Wursthändler: Demos'chen, ich sag' dir: ein schuftiger Kerl, der dich hundertmal täglich betrogen;
Wenn du schläfrig gähnst, dann rupft er dir stets
Das beste Teil von den Geldbußen ab
Und verschluckt es, und sackt vom gemeinen Gut
Links, rechts in die Tasch' mit den Händen sich ein.

Paphlagonier *wütend mit den Armen fechtend*:
Sieh zu, ich verklage dich, daß du dem Staat
Dreißigtausend Talente gestohlen hast!

Wursthändler: Was sprudelst du so mit den Rudern im Sumpf?
So abscheulich wie du hat am Volk von Athen
Sich noch keiner versündigt; Belege sind da,
Und, so wahr ich leb', ich beweise dir gleich,
Daß mit vierzig Minen und mehr du dich ließt
Von den Mytilenäern bestechen!

Chor *zum Wursthändler*:

Wohltäter du der Menschen, wie noch keiner lebt' auf Erden,
Preis deiner Zungenfertigkeit! Kämpfst du also weiter,
Wirst du das Haupt von Hellas, und *du* allein wirst lenken
Die Stadt, dem Bund gebieten, in der Hand den Dreizack schwingend,
Wirst rütteln, wühlen und dabei ein schönes Geld dir machen!
Jetzt laß ihn nur nicht los, da er sich selbst dir bloß gegeben,
Du bringst zu Fall ihn ohne Müh', ich seh's an deinen Lenden!

Paphlagonier: Nein, bei Poseidon, noch ist's nicht so weit mit mir gekommen:
Denn *eine* Tat hab' ich vollbracht, ja, eine Tat, mit welcher
Ich meinen Feinden insgesamt die frechen Mäuler stopfe,
Solang ein Span noch übrig ist von jenen Pylos-Schilden!

Wursthändler: Gut, bleib bei diesen Schilden stehn: schon wieder eine Blöße!
Wenn du den Demos liebst, warum hast du mit Fleiß die

Schilde
Samt Ring' und Riemen aufgehängt im Heiligtum der Göttin?
Nun, Demos, merkst du nicht den Pfiff? – Um dir, wenn du den Schurken
Willst züchtigen einmal, wie er's verdient, die Hand zu binden!
Denn sieh dich um: da hat er dir ein Rudel Gerberbursche
Und rings die ganze Nachbarschaft, die Käs- und Honighändler;
Das bläst nun all ins gleiche Horn und hängt wie Pech zusammen;
Brummst du nun auf und willst einmal ein Scherbenspielchen machen,
Dann läuft des Nachts die Bande hin und reißt die Schilde 'runter,
Besetzt uns Markt und Kornhaus, um die Bürger auszuhungern.

Demos: Ich Ärmster! Also haben sie noch Griff und Riemen? – Schurke,
Wie frech hast du mich übers Ohr gehaun, geprellt, verraten!

Paphlagonier: Kurioser Greis, laß dich doch nicht von jedem gleich beschwatzen,
Denn einen treuern Freund als mich wirst du vergebens suchen;
Ich dämpfte die Komplott', ich hatt' ein wachsam Aug' auf alle
Die Malkontenten in der Stadt, und merkt' ich Unrat, kräht' ich!

Wursthändler: Den Fischern hast du's nachgemacht, die auf den Aalfang gehen:
Solang im See das Wasser still, bemüh'n sie sich vergebens;
Drum wühlen sie recht tüchtig auf den Schlamm, und also fangen
Sie Fische g'nug. So wühlst du auf die Stadt, im Trüben fischend!
Sag mir nur eins, du liebst ihn doch so heiß: hast du dem Demos
Von all dem Leder, das du je verschachert, *ein* Paar Sohlen
Geschenkt, auch nur ein einzig Paar?

Demos: Nicht eins, das weiß Apollon!

Wursthändler: Da siehst du nun, was an ihm ist! Doch schau, aus meinem Beutel
Hab' ich dir ein Paar Schuh gekauft; da, trag sie mir zuliebe! *Präsentiert sie ihm*

Demos: Das nenn' ich einen wahren Freund und patriot'schen Bürger,
Der redlich mit der Republik es meint und meinen Zehen!

Paphlagonier: Was? Ein Paar Schuh vermag so viel bei dir? Und was du alles
Mir hast zu danken, fällt dir das nicht ein? – Ich hab' den Hurern
Gelegt das Handwerk und im Buch den Gryttos durchgestrichen!

Wursthändler: Ein saubres Amt, das Bubenpack als Hinternvisitator
Zu kujonieren und aus Neid das Handwerk ihm zu legen,
Aus purem Neid, damit sie ja nie Redner werden können!
Und diesen guten Alten, der kein Hemd hat auf dem Leibe,
Du sahst ihn frieren, und dir war ein Wams für ihn zu teuer

Im strengsten Winter! – Alter, sieh, da schenk' ich dir ein Wämschen!

Demos *nimmt es gerührt*:

Nein, selber dem Themistokles kam so was nie zu Sinne;
Zwar sein Gedanke war just nicht der schlimmste, der Peiraieus:
Doch kann der Einfall mit dem Wams mit ihm sich füglich messen!

Paphlagonier: Mit was für Affenkünsten sucht der Schlingel mir zu schaden!

Wursthändler: Wieso? Ich mach' es eben wie der Trinker, wenn's ihm ankommt,
Und deine Künste mach' ich als Pantoffeln mir zu nutzen!

Paphlagonier: Mit Augendienerei, da stichst du mich nicht aus!
Zum Demos Da, Alter,
Nimm, dein ist dieser Mantel! *Gibt ihn – Zum Wursthändler*
So! Jetzt platze, Schuft!

Demos *wirft den Mantel weg*: Pfui Tausend!
Pack dich, du Aas, du stinkst ja wie die Pest nach Gerberlauge!

Wursthändler: Den hat er nur dir umgehängt, damit du sollst ersticken,
Denn nach dem Leben stand er dir schon oft: du weißt, das Ding da,
Die Asa foetida, die fiel einmal im Preis?

Demos: Ich weiß es.

Wursthändler: Die hat er damals recht mit Fleiß herabgedrückt im Preise,
Damit ihr tüchtig kaufen sollt und essen quantum satis,
Um in der Heliaia euch als Richter tot zu farzen!

Demos: Ja, meiner Treu, das hat mir schon einmal gesagt ein Mistfink!

Wursthändler: Hat euch der Dampf nicht damals auch gefärbt ein wenig brandgelb?

Demos: Ja, ja, das hat der Höllenbrand uns alles angerichtet!

Paphlagonier: Schmarotzerkniffe! Glaubst du, Lump, du machst mich so zuschanden?

Wursthändler: Befohlen hat die Göttin mir, mit Frechheit dich zu schlagen!

Paphlagonier: Du mich? – Mein lieber Demos, sieh: dahin will ich es bringen,
Daß du 'nen Topf mit Obolen kriegst vorgesetzt fürs Nichtstun!

Wursthändler: Dies Näpfchen hier verehr' ich dir, dazu die Wundersalbe,
Die Schwären an dem Schienbein dir damit zu überstreichen!

Paphlagonier *schiebt ihn weg*:
Ich suche dir die grauen Haar', ich werde dich verjüngen!

Wursthändler: Da nimm dies Hasenschwänzchen, dir die Augen auszuwischen!

Paphlagonier: Wenn du dich schneuzest, Demos, putz es ab an meinem Kopfe!

Wursthändler: Am meinigen!

Paphlagonier: Am meinigen!
Zum Wursthändler Ich mache dich zum Schiffshauptmann,
Und ruinieren sollst du dich:
Du kriegst ein altes, leckes Schiff,

Um Hab und Gut mit Bauen sollst
Du kommen und mit Flicken: ich
Will's schon besorgen, daß du nichts
Als faules Takelwerk bekommst!

Chor: Das sprudelt paphlagonisch wild!
Hör auf, damit's nicht überläuft!
Holz weg, den Löffel her, schäum ab,
Schäum ab den Schwall von Drohungen!

Paphlagonier: Du sollst mir's teuer büßen, ha!
Und Steuern zahlen die schwere Not!
Und mit den Reichsten sollst du mir,
Du Lump, auf *einer* Liste stehn!

Wursthändler: Mit Drohen geb' ich mich nicht ab;
Doch einen Wunsch hab' ich für dich:
Ein schöner Blackfisch steht vor dir
Noch protzelnd auf dem Tisch; du willst
Im Handel der Milesier
Auftreten: denn du profitierst,
Wenn du ihn durchsetzst, ein Talent;
Du bist pressiert, der Blackfisch soll
In deinen Bauch, du – auf die Pnyx:
Kaum hast du angebissen, kommt
Ein Mann und holt dich: hier der Fisch.

Dort das Talent, was ist zu tun?
Du stopfst und stopfst
Hinein und mußt ersticken!

Chor: Schön, herrlich, ja, das gebe Zeus, Demeter und
Apollon!

Demos: Du bist der beste Bürger, der seit lange
Im Volk des heiligen Obolos erschien!
Du, Paphlagonier, hast mit deiner Liebe
Mich nur gezwiebelt; jetzt gib her den Ring:
Denn deine Wirtschaft hat ein Ende!

Paphlagonier *gibt ihm einen Ring*: Hier!
Allein bedenk, ein andrer wird, wenn du
Mich absetzst, kommen, schlechter noch als ich!

Demos: Das ist mein Siegelring ja nicht! Ein andres,
Ganz andres Zeichen war darauf, ich müßte
Denn blind sein!

Wursthändler: Laß doch sehn! Was war dein Zeichen?

Demos: Ein Ochsenhirn in Feigenblatt gebacken.

Wursthändler: Das seh' ich nicht!

Demos: Kein Ochsenhirn? Was denn?

Wursthändler: Ein Reiher, der vom Felsen kreischt und
schnappt.

Demos: Verdammt!

Wursthändler: Was gibt's?

Demos: Den Ring mir aus den Augen!
Der sei von mir? Nein, vom Kleonymos!
Zum Wursthändler
Du, nimm den echten hier, sei mein Verwalter!

Paphlagonier: Noch nicht, gestrenger Herr, ich bitte sehr,
Orakel hab' ich, diese mußt du hören!

Wursthändler: Zuerst die meinen!

Paphlagonier: Glaubst du dem, so mußt du
Kuhmelker werden!

Wursthändler: Glaubst du dem, so fährt
Dir bis zum Myrtenkranz zurück die Vorhaut!

Paphlagonier: Die meinen sagen: herrschen wirst du über
Die ganze Welt, das Haupt bekränzt mit Rosen!

Wursthändler: Die meinen sagen: in gesticktem Purpur,
Gekrönt, wirst du auf einem goldnen Wagen –
Die Smikythe und ihren Herrn verfolgen!

Paphlagonier: So bring einmal die deinen her und laß Sie hören!

Wursthändler: Gleich!

Demos: Und du, bring auch die deinen!

Paphlagonier: Im Augenblick!

Wursthändler: Im Augenblick! – Nun fort!

Beide ab nach verschiedenen Seiten

Chor: Tag der Freude, des Jubels für
Alle, die hier versammelt sind,
Alle, die erst noch kommen, wenn
Kleon fällt, der Verhaßte!
Freilich hört' ich auch Leute schon,
Alte, verdrießliche Käuze, die
Auf dem Prozessekrämermarkt
So sich von ihm unterhielten:

›Wäre nicht er, der gewaltige Mann,
Hier im Volke, wir hätten wohl
Zwei höchst wichtige Dinge nicht:
Mörserkeul' und Rührlöffel!‹ –
Groß auch ist er, erstaunlich groß
Als schweinsöhriger Musiker!
Sagten doch schon die Knaben von

Ihm, seine Schulkameraden:
Immer griff auf der Leier
Er die dorische Tonart nur,
Nie die andere wollt' ihm ein;
Endlich jagt' ihn der Meister
Fort im Zorn: ›Keinen Schlüssel wird
Je begreifen der Racker, als
Einen, den Louisdor'schen!‹

Dritte Szene

***Chor**, der **Demos**; der **Paphlagonier**, der **Wursthändler**, jeder mit einem Pack Schriftrollen unterm Arm*

Paphlagonier: Sieh mal, schau her! Das sind noch lang nicht alle!

Wursthändler: Mich drückt's, ich muß – doch sind's noch lang nicht alle!

Demos: Was ist denn das?

Paphlagonier: Orakel!

Demos: Lauter?

Paphlagonier: Wunderst
Du dich? Noch hab' ich voll 'ne ganze Kiste!

Wursthändler: Ich noch den Boden und zwei Hinterhäuser!

Demos: Laß sehn: von wem sind die Orakel denn?

Paphlagonier: Die meinen sind von Bakis.

Demos: Und die deinen?

Wursthändler: Von Glanis, Herr, des Bakis ältrem Bruder.

Demos: Sag mir, von wem sie handeln?

Paphlagonier: Von Athen,
Von Pylos, auch von mir, von dir, von allem!

Demos: Nun, und von wem die deinen?
Wursthändler: Von Athen,

Von Linsen, Lakedaimon, frischen Austern,
Von Marktbeamten, die am Mehl betrügen,
Von dir, von mir! *Zum Paphlagonier*
Jetzt beiß dich in den Schwanz!

Demos: Gut denn! Jetzt lest mir die Orakel vor,
Besonders das, das mir verheißt – (wie schön!):
Ich werd' „ein Adler in den Wolken schweben".

Paphlagonier: So höre denn und merk auf jedes Wort:
Liest aus der Rolle
„Acht', o Erechtheus' Sohn, auf den Spruch, den vom heiligen Dreifuß
Dir aus der Tiefe des Felsens herauf Apollon verkündet:

Halt in Ehren den heiligen Hund mit den schneidenden Hauern,
Der erst knurrt und aus Sorge für dich dann fürchterlich bellend
Reichen Sold dir verschafft; unterläßt er es jemals, dann weh ihm!
Denn es krächzet um ihn eine Schar feindseliger Dohlen!“

Demos: Nein, bei Demeter, das versteh' ich nicht,
Was soll der Hund, Erechtheus und die Dohlen?

Paphlagonier: Ich bin der Hund, ich belfre nur für dich,
Und Phoibos will, du sollst ihn dir erhalten!

Wursthändler: Das steht nicht im Orakel! Dieser Hund
Benagt, wie deine Schwell', auch die Orakel;
Ich hab' das wahre, diesen Hund betreffend!

Demos *hebt einen Stein auf*:
So lies, ich will mich mit 'nem Stein versehn,
Damit das Hundsorakel mich nicht beißt.

Wursthändler *liest*:
„Acht', o Erechtheus' Sohn, auf den Hund, den Seelenverkäufer
Kerberos, der mit dem Schwanz, wenn du tafelst, wedelt

und lauert,
Und, wenn du gaffst und träumerisch gähnst, den Bissen dir wegschnappt,
Nachts in die Küche verstohlen sich schleicht und ganz wie ein andrer
Hund die Teller ableckt und die Schüsseln und Häfen und Inseln!“

Demos: Das lautet besser, dank dir, weiser Glanis!

Paphlagonier: Hör erst noch weiter, Herr, und richte dann:
„Einst wird gebären ein Weib im heil'gen Athen einen Löwen,
Der für das Volk in den Kampf wird gehn mit unzähligen Mücken,
Gleich als gält' es den eigenen Jungen: Diesen bewahre
Treu und beschirm ihn mit Mauern von Holz und Türmen von Eisen!“

Demos *zum Wursthändler*:
Verstehst du dieses?

Wursthändler: Beim Apoll, kein Wort!

Paphlagonier: Der Gott gebeut, du sollst mich dir erhalten,
Ich bin dein Kämpfer an des Löwen Stelle!

Demos: Was? Löwenstellverweser bist du gar?

Wursthändler: Eins im Orakel hat er nicht erklärt:
Die Eisenmauer und das Holz, worin
Dir Loxias befiehlt ihn zu verwahren.

Demos: Was meint der Gott damit?

Wursthändler: Du sollst in den
Fünfmund'gen Stock, den hölzernen, ihn sperren!

Demos: Der Spruch kann in Erfüllung gehn, und bald!

Paphlagonier: Glaub' ihm nichts, es krächzen ins Ohr dir neidische Krähen!
Liebe den Habicht, gedenkend im Geist, daß er dir gebunden
Eingeliefert die Brut der lakedaimonischen Raben!

Wursthändler: Des hat im Rausche sich nur der Paphlagoner vermessen;
Kekrops' übelberatener Sohn, das nennst du was Großes?
„Tragen mag auch ein Weib eine Last – wenn ein Mann sie ihr auflegt",
Aber sie taugt nicht zum Krieg, und kriegt sie, kriegt sie den Durchfall!

Paphlagonier: Achte des Götterspruchs, der dich mahnet an Pylos vor Pylos:
„Dort vor Pylos ist noch ein Pylos –"

Demos: Was? Pylos vor Pylos?

Wursthändler: Wenn man zur Tafel sich legt, geht *er* auf den obersten Pfühl los!

Demos: Und macht sich breit, kaum find' ich noch ein Eckchen –

Wursthändler: Auf harter Bank – er sieht's und bleibt gefühllos!
Nun aber sollst du das Orakel hören
Von unsrer Flotte: acht' auf jedes Wort!

Demos: Das tu' ich, lies! Steht nicht darin, ob wohl
Mein Schiffsvolk seine Löhnung bald bekommt?

Wursthändler *liest*:
„Hab, o Aigide, wohl acht auf den Fuchshund, laß dich nicht prellen,
Windschnell ist er, verschmitzt, raubsüchtig, bissig und tückisch!“
Weißt du, wer hier ist gemeint?

Demos: Philostratos, denk' ich, der Fuchshund?

Wursthändler: Der ist es nicht, nein der! *Auf den Paphlagonier deutend*
Er fordert Schiffe

Gar oft von dir, behend zum Gelderpressen;
Und Loxias meint, du sollst sie ihm nicht geben.

Demos: Wie kommt ein Schiff zum Namen: Fuchshund?

Wursthändler: Wie?
Ein Schiff ist schnell, und schnell ist auch der Hund.

Demos: Gut, doch wie kommt der Fuchs noch zu dem Hund?

Wursthändler: Die Schiffssoldaten nennt er Füchse, weil
Sie auf dem Lande gern im Weinberg naschen.

Demos: So, so! – – *denkt nach*
Wo aber bleibt die Löhnung für die Füchse?

Wursthändler: Auch diese schaff' ich in drei Tagen her.
„Aber nun höre den Spruch, den der Leto Sohn dir verkündet:
Hüte, spricht er, vor Laurion dich, und laß dich nicht prellen!"

Demos: Laurion, wie? Was meint er?

Wursthändler: Die tückisch lauernden Augen
Dieses Kujons, der hinterrücks dich zu bestehlen nur trachtet!

Paphlagonier: Nimmermehr! Er erklärt es dir falsch; nein, deutlich bezeichnet
Ist Diopeithes, der Dieb, der umsonst auf die Beute jetzt lauert.
Höre noch ein Orakel, ein fliegendes, das ich besitze:
„Werden wirst du ein Aar und die Länder des Erdballs beherrschen!"

Wursthändler: Herrschen wirst du, so sagt *mein* Spruch, auf dem Land und dem Roten
Meer, in Ekbatana richten und Salzkonfekt dazu schlecken!

Paphlagonier: Mir ist erschienen ein Traum, und ich sah leibhaftig die Göttin,
Wie aus der Schal' auf den Demos sie Reichtum und Wohlsein herabgoß.

Wursthändler: Mir auch erschien sie, bei Zeus, und ich sah von der Burg sie leibhaftig
Niedersteigen, und obenauf saß ihr die heilige Eule;
Und Ambrosia goß sie aufs Haupt dir aus mächtigen Kübeln,
Dir, o Demos, und dem – die knoblauchduftende Lauge!

Demos: Juhe, Juhe!
So weis' als Glanis ist kein Sterblicher!
Zum Wursthändler
Drum übergeb' ich dir mich selbst mit Freuden
Zur Alterspfleg' und neuer Jugendbildung!

Paphlagonier: Noch nicht, ich bitte dich, o warte noch!
Tagtäglich reich' ich Gerste dir und Korn!

Demos: Schweig mir von Gerste! Oft genug habt ihr,
Du und Theophanes, mich drum geprellt!

Paphlagonier: Nun gut, so schaff' ich Mehl und Brot dir her!

Wursthändler: Ich schon gebackne Kuchen, Zugemüs'
Und Braten, und du brauchst nur zuzugreifen!

Demos: Nun denn, so zeigt, was ihr vermögt; mein Will'
Ist dieser: wer am besten mich bewirtet,
Dem geb' ich Zaum und Zügel auf der Pnyx.

Paphlagonier: Da renn' ich!

Wursthändler: Oh, ich hole schon dich ein! *Beide ab*

Chor: Demos, wie du gewaltig bist
Und gefürchtet von jedermann,
Herrschest als unumschränkter
Regent und Gebieter!

Aber leicht dich betören läßt
Du von den Schmeichlern, die ränkevoll
Dich am Narrenseil führen: denn
Schwatzt dir einer was vor, da sperrst
Maul und Nase du auf – dein Witz
Ergeht sich wo anders!

Demos: Witz – der ist unter eurem Schopf
Nicht zu Hause, sonst hießest du
Mich nicht töricht. Ich stelle selbst
Mit Fleiß mich so kindisch!
Denn das ist mir der größte Spaß:
Alle Tag' einen neuen Zutsch!
Und so halt' ich mir einen Herrn
Zum Vergnügen, der mich bestiehlt;
Ist er voll dann, so häng' ich ihn,
Um leer ihn zu klopfen!

Chor: Nun, das wäre ja wohlgetan,
Wenn solch heimlicher, schlauer Sinn
Deinem Tun, wie du selber sagst,
Stets läge zugrunde,
Wenn die Bursche du auf der Pnyx
Wohlbedächtlich, wie Opfervieh,
Hieltest, füttertest, um sodann,

Wenn ein Braten dir fehlt, heraus
Gleich den Fettsten zu fangen und
Zum Schmaus ihn zu opfern!

Demos: Seht ihr jetzt, wie ich schlau herum
Schleich' um sie, die so listig sich
Dünken und auf der Nase keck
Mir wagen zu tanzen?
Immer hab' ich ein Aug' auf sie,
Wie sie stehlen; und keiner denkt,
Daß ich's sehe: dann müssen sie,
Was sie heimlich mir weggenascht,
Wieder speien, die Feder des
Gerichts in dem Rachen!

Vierte Szene

***Demos**, der **Chor**, der **Paphlagonier** und*
*der **Wursthändler** mit Tisch, Stuhl und vollen Speisekörben*

Paphlagonier: Geh aus dem Weg und stirb!

Wursthändler: Krepiere du!

Paphlagonier *sich setzend*:
Da sitz' ich schon seit einer Ewigkeit,
Bereit, o Demos, Gutes dir zu spenden!

Wursthändler: Und ich seit zehn, seit zwanzig Ewigkeiten,
Seit hunderttausend Ewig-Ewigkeiten!

Demos: Und ich, ich wart' und wünsch' euch an den Hals
Die Pest seit Millionen Ewigkeiten.

Wursthändler: Weißt du, was tun?

Demos: Wenn ich's nicht weiß, sprich du!

Wursthändler: Wettrennen laß uns, mich und den, und so
Dich, Gang für Gang, bedienen!

Demos: Gut, es sei!
Stellt Euch!

Wursthändler: Ich steh'!

Demos: Jetzt lauft! *Sie rennen*

Paphlagonier: Er unterläuft mich!

Demos: Das muß ich sagen, meine Herrn Liebhaber
Erfreun mich heut, ich kann's nicht besser wünschen!

Paphlagonier: Siehst du? Den Lehnstuhl bring' ich dir zuerst!

Stellt ihm einen Stuhl hin

Wursthändler: Doch nicht den Tisch, den bring' ich
allererst!

Stellt ihm einen Tisch hin; Demos setzt sich davor

Paphlagonier: Hier präsentier' ich dir ein Restchen Kuchen,
Gebacken aus dem Opfermehl von Pylos!

Wursthändler: Hier Semmeln, von der Göttin ausgehöhlt
Mit eigner Hand, der elfenbeinernen!

Demos: Wie groß, o Göttin, muß dein Finger sein!

Paphlagonier: Hier Erbsenmus, schön gelblich
durchgetrieben
Von Pallas selbst, der Pylosstürmerin!

Wursthändler: Die Göttin schirmt doch offenbar und hält
Jetzt über dich die volle Suppenschüssel!

Demos: Was, denkst du, würd aus unsrer Stadt, wenn sie
Nicht sichtbar über uns die Schüssel hielte?

Paphlagonier: Den Bückling schickt die Schlachtenkönigin!

Wursthändler: Dies Suppenfleisch verehrt des Donnrers
Tochter,
Kaldaunen, Schwartenmagen und Gekrös!

Demos: Ei, selbst den Peplos hat sie nicht vergessen!

Paphlagonier: Die Gorgohelmbuschträgerin empfiehlt
Den Zwieback dir, um zwiefach schnell zu rudern!

Wursthändler: Da nimm auch dies!

Demos: Jetzt noch ein Rippenstück?
Wozu?

Wursthändler: Das sendet dir expreß die Göttin,
Weil unsrer Schiffe Rippen etwas leck;
Aushelfen will sie sichtbar unsrer Flotte! –
Da trink, zwei Drittel Wein, ein Drittel Wasser!

Demos: Schön ist's, daß sie die Dreizahl auch erfreut!

Wursthändler: Tritonia selber hat den Wein gedrittelt.

Paphlagonier: Da, nimm dies Stückchen fetten
Zwiebelplatz!

Wursthändler: Da, nimm, ich schenke dir 'nen ganzen,
Demos!

Paphlagonier *zum Wursthändler*:
'Nen Hasen hast du nicht für ihn, doch ich!

Wursthändler *für sich*:
Verdammt! Wo krieg' ich einen Hasen her?
Nun, frisch mein Herz, und sinn' auf einen Kniff!

Paphlagonier: Siehst du ihn, armer Schelm? *Zeigt ihm den Hasenbraten*

Wursthändler: Was schiert mich das? –
Da kommen Männer auf mich zu!

Paphlagonier: Wer kommt?

Wursthändler: Gesandte sind's mit goldgefüllten Beuteln!

Paphlagonier: Wo, wo?

Wursthändler: Was kümmert's dich? Laß du die Fremden!
Während der Paphlagonier zurücksieht, nimmt er ihm den Hasen
Sieh, Demos, einen Hasen bring' ich dir!

Paphlagonier: Au weh! Du hast mein Eigentum gestohlen!

Wursthändler: Nun ja, gerad wie du den Fang in Pylos!

Demos: Wie kamst du auf den Einfall, ihn zu stehlen?

Wursthändler: Der Göttin ist der Rat, die Tat ist mein.

Paphlagonier: Gehetzt hab' *ich* ihn!

Wursthändler: Ich ihn vorgesetzt!

Demos *zum Paphlagonier*:
Geh! Wer ihn bringt, der hat den Dank dafür.

Paphlagonier: Weh, weh, ausschmieren wird er mich in
Frechheit!

Wursthändler: Nun richte, Demos, wer am besten sich
Verdient gemacht um dich und deinen Bauch!

Demos *sich den Kopf kratzend*:
Ja, wenn ich nur Entscheidungsgründe wüßte,
Um auch dem Publikum es recht zu machen!

Wursthändler: Ich weiß dir Rat. Geh hin und inspiziere
Die Körb' im stillen, hier den meinen, dort
Des Paphlagoniers, und dein Spruch wird gut.

Demos: Laß sehn, was steckt da drin?

Wursthändler: Du siehst ihn leer,
Lieb Väterchen, ich trug dir alles auf!

Demos: Der Korb ist für den Demos gut gesinnt!

Wursthändler: Jetzt untersuch' auch den des Paphlagoniers;
Siehst du?

Demos: Helf Gott, was gute Sachen noch!
Welch Monstrum von 'nem Kuchen liegt da drinnen!
Mir hat er nur ein Eckchen abgeschnitten.

Wursthändler: Das hat er ja von jeher so gemacht!
Von dem, was er erbeutet, gab er dir
Ein Schnittchen, und das meiste fraß er selbst.

Demos: Du Strick, so hast du mich beluchst, bestohlen,
„Und ich beschenkte dich und gab dir Kränze?“

Paphlagonier: Ich stahl, nun ja, allein zum Wohl des Staats!

Demos: Den Kranz herunter, gleich! Ich setz' ihn dem
Aufs Haupt.

Wursthändler: Herunter mit dem Kranz, du Gauner!

Paphlagonier: Die Hand von mir! Ein pythisches Orakel
Nennt mir den Mann, den einz'gen, der mich stürzt!

Wursthändler: Mich nennt es, meinen Namen, klar und
deutlich!

Paphlagonier: Laß sehn, ich mache gleich mit dir die Probe,
Ob dich das göttliche Orakel meint,
Und also heb' ich an die Untersuchung:
Zu welchem Lehrer gingst du in die Schule?

Wursthändler: Von Metzgern ward mein Ohr zur Kunst
gebildet.

Macht die Pantomime der Ohrfeige

Paphlagonier: Was sagst du? „Hart berührt der Spruch mein
Herz!"
Pah! – –
Was hast du auf dem Turnplatz dann gelernt?

Wursthändler: Ich? Stehlen, leugnen, schwören drauf,
gradaus sehn!

Paphlagonier: „Phoibos Apollon, Lykier, wie geschieht mir?"
Und welches Handwerk triebst du dann als Mann?

Wursthändler: Wursthandel.

Paphlagonier: Weiter nichts?

Wursthändler: Ein bißchen Buhlschaft.

Paphlagonier: Ich Unglückseliger, ich bin vernichtet! –
Noch hält ein dünner Hoffnungshalm mich oben!
Sag mir dies eine: triebst du auf dem Markt
Wursthandel, oder nahe bei dem Tor?

Wursthändler: Am Tor, wo man das Pökelfleisch verkauft.

Paphlagonier *sinkt zusammen*:
„Weh mir, der Spruch der Götter ist erfüllt!
Wälzt mich hinein, den unglücksel'gen Mann!"
Fahr wohl, mein Kranz! „Ach, ungern trenn' ich mich

Von dir; ein andrer wird dich bald besitzen“,
Kein größrer Dieb, „doch glücklicher als ich!“

Sie schaffen ihn ins Haus

Wursthändler: Zeus, Hort von Hellas, Dank dir für den Sieg!

Chorführer: Heil, Sieger dir, und denk im Glück, daß ich
Zum Manne dich gemacht; ich bitte nur
Ein kleines: laß mich sein dein Schreiber Phanos!

Demos *zum Wursthändler*:
Und nun, dein Nam'?

Wursthändler: Ist Agorakritos,
Weil ich von Händeln auf dem Markt mich nähre.

Demos: Dir, Agorakritos, vertrau' ich mich
Und übergebe dir den Paphlagonier.

Wursthändler: Treu will ich deiner pflegen, lieber Demos;
Du sollst gestehn: nie sahst du einen Mann,
Der's besser meinte mit den Maul-Athenern!

Beide ab ins Haus

Chor: „Was läßt sich wohl Schönres zum Anfang,
Was Schöneres singen zum Schlusse,
Als die Lenker der rasch hinfliegenden Rosse?“
Drum keine Silbe gegen Lysistratos,

Noch Theomantis, den Obdachlosen;
Gerne lass' ich ihn ungekränkt:
Denn du weißt ja, guter Apollon,
Wie er hungert und Ströme weint
Und deinen Köcher in Pytho flehend
Berührt, weil das Darben doch gar zu herb ist!

Chorführer: Schlechte Bürger zu verspotten, ist gewiß nicht tadelnswert,
Hohn auf sie ist Lob der Guten, wenn man recht es will verstehn. –
Wäre nur der Mensch bekannter, den ich jetzo geißeln muß,
Braucht' ich nicht an einen Namen guten Klangs ihn anzureihn!
Arignotos – jeder kennt ihn (wie sein Name schon es sagt),
Der auf Kampfgesäng' und heitre Lieder trefflich sich versteht,
Der hat einen Bruder, gar nicht an Charakter ihm verwandt,
Den Ariphrades –: der Schurke! ja, das rühmt er sich zu sein!
Nie, wenn er ein ordinärer Schuft und Lump und

Spitzbub wär',
Nennt' ich ihn; doch neue Greuel hat die Bestie aufgebracht!
Seine eigne Zunge schändet er mit ekelhafter Lust,
In Bordellen leckt er züngelnd auf den geilen Hurenschleim,
Mit dem Abschaum wüster Wollust, pfui, beschmiert er sich den Bart,
Singt des Polymnestos Lieder, ludert mit Oionichos:
Diesen Lotterbuben, dieses Scheusal – wer ihn nicht verflucht,
Fluch ihm selbst! Aus *einem* Becher trinken soll er nie mit uns! –

Chor: Oft hab' ich in nächtlicher Stille
Den Kopf mir mit Grübeln zerbrochen
Und gefragt: warum doch so fürchterlich gierig,
Unersättlich frißt der Kleonymos:
Denn ich hör', er schleicht in die Häuser
Reicher Bürger häufig sich ein
Und kommt nicht wieder heraus aus dem Brotschrank,
Wie der Hausherr auch bitten mag:
›Komm doch, mein Bester, ich fleh' auf den Knien,

Heraus, und verschlinge den Tisch nicht zum Nachtisch!‹ –

Chorführer: Die Galeeren, sagt man, kamen jüngst zusammen zum Gespräch,
Und die älteste derselben nahm zuerst das Wort und sprach:
›Habt ihr auch gehört, ihr Jungfern, was man in der Stadt erzählt?
Nach Karthago fordert einer unsrer hundert – wißt ihr wer?
'S ist der *hyperbolisch* schlechte Krätzer – der gemeinste Kerl!‹ –
Und sie fanden's unerträglich: nein, das sei doch gar zu arg!
Eine zweite ließ sich hören, die noch nie ein Mann bestieg:
›Gott verhüt' es, daß ich diesem je gehorche! Lieber will
Ich veralten und vermodern und der Würmer Speise sein;
Auch Nauphante nicht, des Nauson Tochter! Nein, so wahr auch ich
Kunstgerecht aus Tannenbäumen bin gezimmert und gedielt!
Aber wollen's die Athener dennoch: hört, dann segeln wir

Hin zum Heiligtum des Theseus oder der Erinnyen:
Nie als unser Führer soll er lachen ins Gesicht der Stadt;
Will er fahren, ei so fahr' er selbst allein zum Rabenstein
Auf dem Boot, auf das er seine Ampeln sonst als Krämer lud!‹

Fünfte Szene

*Der **Chor**, der **Wursthändler**, nachher **Demos***

Wursthändler *kommt heraus*:
In Andacht schweigt und verschließet den Mund: kein Zeugenverhör, kein Geplauder!
Laßt feiern heut die Gerichte der Stadt, das Ergötzen unserer Bürger,
Und mit schallendem Jubel das neue Heil begrüße das ganze Theater!

Chor: O du Stern von Athen, der gesegneten Stadt, o du Retter der heiligen Inseln,
Was verkündest du uns für ein Glück, auf daß wir die Straßen mit Düften erfüllen?

Wursthändler: Den Demos hab' ich euch jung gekocht, bildschön ist der Häßliche jetzo!

Chor: Und wo weilet er jetzt, du Zauberer, du genialer Gedankenerfinder?

Wursthändler: Er wohnt in Athen, der heiligen Stadt, der herrlichen, veilchenbekränzten!

Chor: O so laß ihn uns sehn! Und wie trägt er sich denn? Wie erscheint er? Wie ist er gestaltet?

Wursthändler: Ganz so wie er einst mit Miltiades aß, wie er zechte mit Aristides.
Gleich sollt ihr ihn schaun; denn des Vorhofs Tor, schon hör' ich es knarrend sich öffnen!
Auf, jauchzet ihr zu, der erneuerten altehrwürdigen Stadt der Athener,
Der liederbesungenen Wunderstadt, wo er thront, der gewaltige Demos!

Chor: O Athen, du veilchenbekränzte Stadt, du beneidete, glänzende, reiche,
Zeig uns den erhabenen Fürsten und Herrn, der hier, der in Hellas gebietet!

Demos tritt auf, verjüngt, in altertümlicher, festlicher Tracht

Wursthändler: Da sieh ihn, mit goldnen Zikaden geschmückt, im altherkömmlichen Festkleid,

Nicht mit Muscheln behängt, mit Myrrhen gesalbt und vom Balsam des Friedens umduftet!

Chor: Heil, Heil dir, o König von Hellas, und Heil auch uns, deinen glücklichen Söhnen,
Daß du wieder erscheinst der gepriesenen Stadt, der Trophäen von Marathon würdig!

Demos: Komm her, mein teurer Agorakritos:
Dank dir, daß du mich umgekocht!

Wursthändler: Nun ja:
Und wüßtest du erst, wie du sonst gewesen,
Und was du triebst: ich wäre dir ein Gott!

Demos: Was trieb ich denn? Wie war ich ehedem?

Wursthändler: Wenn einer in der Volksversammlung sprach:
›Demos, ich bin dein Freund, ich liebe dich,
Ich bin der einz'ge, der dich hegt und pflegt.‹ –
Wenn einer so begann, dann warfst du gleich
Den Kopf empor und schlugst die Flügel.

Demos: Ich?

Wursthändler: So prellt' er dich und ging und lacht' ins Fäustchen.

Demos: Wie? Solches wagt' er, und ich merkte nichts?

Wursthändler: Nichts! Deine Ohren gingen auf und zu,
Als wie ein aufgespannter Sonnenschirm.

Demos: So töricht war ich, so ein altes Kind?

Wursthändler: Weiß Gott! Und sprachen zwei, der eine so:
›Kriegsschiffe muß man bauen!‹ und der andre:
›Geld schaffen zum Geschwornensold!‹ – da lief
Der Soldmann stets dem Schiffsmann ab den Rang.
– Was hängst du so den Kopf? Hast du den Schwindel?

Demos: Ach, meiner dummen Streiche schäm' ich mich!

Wursthändler: Beruhige dich, du trägst die Schuld nicht selbst,
Wohl aber die, die dich geprellt! Nun sprich:
Wenn so ein Rechtsverdreher wieder droht:
›Ja seht, ihr bringt euch selbst ums Brot, ihr Richter,
Wenn ihr nicht schuldig sprecht den Angeklagten!‹ –
Sag an, was tust du jetzt dem schnöden Kläger?

Demos: Ich nehm' und werf ihn, den Hyperbolos
Am Hals, vom Fels hinunter in den Abgrund!

Wursthändler: Das heißt einmal verständig Recht gesprochen!
Nun sprich, wie führst du die Verwaltung sonst?

Demos: Vor allem lohn' ich jedes Kriegsschiff gleich
Beim Landen redlich ab, ohn' allen Abzug.

Wursthändler: Manch abgeseßner Hintre wird dir's danken!

Demos: Wie einer auf der Kriegerlist' einmal
Notiert ist, also bleibt's, trotz aller Gönner;
Kein Jota soll daran geändert werden!

Wursthändler: Kleonymos, das sticht auf deinen Schild!

Demos: Wer ohne Bart, wird schweigen auf der Pnyx!

Wursthändler: Wo soll dann Kleisthenes und Straton reden?

Demos: Die Bürschchen mein' ich, die in Baderstuben
Beisammensitzen und Lappalien schwatzen:
›Der Phaiax kann's, er hat 'ne gute Schule,
Er spricht präzis, energisch, sentenziös,
Sarkastisch, logisch, rhythmisch, tropisch, drastisch,
Hinreißend, beißend, wetternd, ködernd, rädernd!‹

Wursthändler: Stößt du dem Schwätzer nicht 'nen Pfahl ins Fleisch?

Demos: O nein, ich will nur, daß sie auf der Jagd
Sich tummeln, statt Gesetze zu entwerfen!

Wursthändler: Schön! So empfange diesen Feldstuhl und
Den schmucken Buben, dir ihn nachzutragen!

Demos *sich darauf setzend*:
Gottlob! Da säß' ich wieder, wie vorzeiten!

Wursthändler: Was sagst du erst, wenn ich die
Friedensnymphen
Dir übergeb'? *ruft in die Szene*
Ihr Nymphen, tretet auf!

Tanzende Mädchen treten auf

Demos: Wie schön sie sind, wie schön! Ihr kommt wohl aus
Dem Pfefferland? O dürft' ich doch euch pfeffern!
Im Ernst, wo sind sie her?

Wursthändler: Der Paphlagonier
Hat sie versteckt und deinem Blick entzogen.
Dir übergeb' ich sie, zieh nun mit ihnen
Aufs Land!

Demos: Dem Paphlagonier aber, sprich,
Was tust du dem für seine Schurkenstreiche?

Wursthändler: Nicht viel! Er soll mein Handwerk
übernehmen,
Der einzige Wursthändler unterm Tor;
Da soll er Hunds- und Eselszeug verwursten,

Im Rausch sich mit den Gassendirnen zanken
Und Fleischbrüh' trinken aus den Badewannen!

Demos: Das hat er auch verdient: es bleibt dabei!
Er balge sich mit Huren und mit Badern!
Du aber kommst mit mir ins Prytaneion:
Der Platz ist dein, wo jener Unhold saß;
Da, nimm dies grüne Kleid und folge mir! –
Den Kerl schafft fort: er steh' in seiner Bude,
Begafft von allen, die er einst gehudelt!

Alle ab